아이는 엄마의 감정을 먹고 자란다

내 아이를 위한
엄마의 감정 공부

양선아 지음

들어가며

따뜻한 위로와 공감이 필요한 엄마들

띠리릭, 띠리릭.
"여보세요?"
"아, 안녕하세요. ○○ 어머님이시죠?"
"네, 그런데요."
"어머님, ○○가 수업시간마다 책상 밑에 있어요."

　10여 년 전, 아이가 다니던 유치원 선생님으로부터 전화를 받았다. 선생님은 그 후로 꽤 많은 이야기를 하셨던 기억이 난다. "친구들과는 이렇고요. 수업 태도는 이래요…." 선생님은 진심으로 걱정하고 계셨다. 내가 아이에게 기대하던 것과는 크게 다른 이야기여서 전화를 끊고도 한동안 자리를 뜨지 못했다. 무엇이 문제일까?
　오랫동안 대학생들에게 미술치료를 가르쳐 왔으면서도 막상 내 아이의 문제 상황을 어떻게 해결해야 할지 막막했다. 아이를 키우는 데 놓치고 있는 무언가가 있다는 걸 느끼고 공부를 시작했다. 심장 과학에 대한 연구결과들을 과학적 데이터를 통해 접하며 결국은 감정이 중요하다는 걸 알았다. 그 후 공감 능력을 키우는 방법을 훈련하고 심리, 실존, 의식에 대해 공부했다. 그리고 나를 만날 수 있었다. 신기하게도 내가 나를 만나고 내 존재를 찾고 땅에 뿌리를 내릴수록 아이 또한 건강하게 잘 자랐다.

시간이 흘러 지금 나에게 엄마들의 감정 공부에 관한 책을 쓸 기회가 선물처럼 주어졌다. 이 책에는 감정과 의식을 공부해 실존적인 나를 찾아가는 방법들이 담겨 있다. 3년 동안 엄마들과 나누었던 이야기와 변화를 담았다. 엄마들에겐 위로의 노래가 필요했다.

몽골의 낙타 이야기를 들었다. 어미 낙타가 새끼들을 피하며 젖을 주지 않을 때 새끼들은 마른 풀로 허기를 달랜다. 어미 낙타 곁에 있으려고 하면 어미 낙타가 새끼에게 발길질을 하기까지 한단다. 유목민들은 사나워진 어미 낙타를 위해 어떠한 인위적 조치도 하지 않는다. 그저 몽골의 전통 현악기인 마두금 연주를 들려주고 마음을 다해 쓰다듬는다. 그러면 어미 낙타의 눈에 눈물이 고이고, 한참 동안 눈물을 떨군 어미 낙타는 더 이상 새끼들을 공격하지 않고 보듬으며 젖을 물릴 여유를 찾는다. 어미 낙타에겐 위로와 공감이 필요했던 것이다.

감정 공부 수업에서 마음을 나누며 감정에 대해 알아가던 엄마들도 눈물 흘리는 한 주 한 주를 보냈다. 우리는 서로를 쓰다듬었다. 온 마음을 다해. 그리고 한 사람 한 사람 감춰두었던 마음을 마주하며 자신을 따뜻하게 보듬는 작업을 했다. 지금은 모두 마두금 연주와 따뜻한 손길을 받은 어미 낙타처럼 자녀와의 관계가 좋아졌다.

우리에게 필요했던 것은 방법이나 지식이 아니었는지도 모른다. 마음을 울리는 음악이 필요했고, 따뜻한 손길이 필요했고, 자신의 아픔이 무엇이었는지 직면하는 시간이 필요했다. 매주 모였던 엄마들은 서로를 쓰다듬었고 자신을 안아주었다. 우리는 머리를 활용하는 방법이 아니라 심장을 활용하는 방법을 조금씩 알아차렸다. 심장의 소리를 듣게 되었을 때 보이지 않는 것, 보지 못했던 것을 조금씩 보면서 진심으로 자신의 감정을 쓰다듬는 시간을 보낼 수 있었다. 엄마들은 조금 달라진 관점, 조금 여유 있는 마음으로 아이들 옆에 서게 되었다.

이 책은 하고 싶은 이야기의 절반이 담겨 있다. 나머지 절반은 아직 완성되지 않았다. 이 책을 읽고 있는 당신에게 나머지 반을 완성하는 공동 저자가 되어주길 감히 제안한다. 이 책의 감정 공부 방법에 따라 이전에 볼 수 없었던 것, 보지 못했던 것들을 스스로 쓰다듬고 마음을 위로하면 놀라운 변화가 일어날 것이다.

심장의 힘은 보이지 않던 걸 보게 될 때 더 강력해지며, 스스로 그 힘을 느낄 때 아이의 마음 또한 진짜로 느낄 수 있게 된다. 세상을 변화시키는 건 대부분 보이지 않는 힘이다. 그리고 그 보이지 않는 힘은 우리가 알고 있는 것보다 더 빨리 기적을 만들어내기도 한다. 천천히 자신을 쓰다듬는 공부로 땅속 깊게 뿌리내려 폭풍우에도 흔들리지 않는 힘을 갖게 되길 바란다.

양선아

차례

들어가며
따뜻한 위로와 공감이 필요한 엄마들 • 4

1장
공감하고 싶은 엄마,
공감할 수 없는 엄마

저는 좋은 엄마가 아닌 것 같아요 • 14
내 아이는 행복한가? 나는 행복한가? • 22
내 안의 분노가 아이의 영혼에 상처를 남기고 • 30
나는 내 아이를 제대로 사랑하고 있을까? • 36

엄마에게 감정 공부가
필요한 이유

나를 찾아가는 감정 공부 • 44

엄마에게 감정 공부는 왜 필요할까? • 48

아이는 엄마의 감정을 먹고 자란다 • 56

나를 만나기 위해 필요한 것들 • 62

3장

진짜 엄마가 되기 위한 준비, 8일간의 감정 공부

바라보는 만큼, 다가가는 만큼 보이는 감정 · 72

1일 차 | 오감을 통해 나를 발견한다 · 76

2일 차 | 상황 속에 숨은 감정을 파악한다 · 88

3일 차 | 삶의 변화를 가져오는 스트레스 관리 · 100

4일 차 | 관계를 좋아지게 하는 사랑의 언어 · 116

5일 차 | 관점이 유연해질 때 보이는 장점 · 142

6일 차 | 기억의 정원에서 나를 만난다 · 164

7일 차 | 시든 감정을 보내면 얻게 되는 자유로움 · 186

8일 차 | 벽을 깨자 보이는 나의 꿈과 삶 · 206

감정 공부로 찾아온 기적,
자신을 사랑하고 아이와 공감하는 엄마

나에게 미안해, 그리고 사랑해 • 222

기적 같은 변화를 불러오는 공감의 힘 • 238

공감으로 함께 성장하는 엄마와 아이 • 246

세상에서 가장 아름다운 이름, '엄마' • 256

마치며 당신에게 • 264

공감하고 싶은 엄마,
공감할 수 없는 엄마

공감하고 싶은 엄마, 공감할 수 없는 엄마

저는 좋은 엄마가
아닌 것 같아요

불이 모두 꺼지고, 침묵 속에서 작은 숨소리가 들린다. 그때 가녀린 몸의 아이가 힘없이 등장한다. 자세히 보니 아이는 종잇장 같은 몸에 커다란 구멍이 뚫려 있고 머리부터 발끝까지 가시로 휘감겨 있다. 아이는 친구들과 안을 수가 없다. 친구들이 다가와 안아주려고 해도, 자신이 다가가 안으려고 해도 가시 때문에 친구가 아프다. 누구든 이 아이를 안으면 가시에 찔린다. 그러나 온몸에 박힌 가시를 뽑을 수가 없다. 조그마한 가시들이 때로는 그 작고 여린 아이를 보호하기도 하니까….

강의 중에 학부모에게 보여준 애니메이션의 내용이다. 음성도 자막도 없는 영상을 어둠 속에서 재생하자 여기저기서 '훌쩍훌쩍' 소리가 들리기 시작했다. 그렇게 강의실 곳곳에서 아픈 마음의 소리가 흐느낌으로 울렸고, 그 소리는 점점 더 커졌다.

"우리 아이 같아요."

"저희 아이도 심장이 뻥 뚫린 채 사는 것 같아요. 가시가 있다고 나무라기만 했지, 안아주지 못했어요."

심장이 뻥 뚫려 외로운 애니메이션 주인공의 아픔을 고스란히 느낀 엄마들은 자신의 아이를 떠올렸다.

"저는 제 아이에게 바라기만 했어요. 좋은 엄마가 아닌 것 같아요."

"아이에게 화내고 싶지 않은데 자꾸 화만 내요. 밤마다 후회하면서도…. 좋은 엄마가 아닌 것 같아요."

"저는 일할 때 아이가 방해하면 화를 냈어요. 좋은 엄마가 아닌 것 같아요…."

"저는 가끔 혼자 있고 싶어요. 나 혼자의 삶이 그리워요. 누군가를 돌봐야 한다는 책임감이 힘들 때가 많아요. 좋은 엄마가 아닌 것 같아요."

"전 종종 아이를 안아주고 돌보는 게 너무 힘겨워요. 이러다가 아이가 텅 빈 심장을 갖고 자라게 될까 봐 겁나요. 좋은 엄마가 아닌 것 같아요."

엄마들은 훌쩍이며 마음 한편에 자리 잡았던 죄책감을 힘겹게 밖으로 내어놓았다.

강의 주제가 '내 아이 행복을 위한 감정 공부'인 만큼 강의에 참석한 사람들은 모두 아이를 좀 더 잘 양육하겠다는 의지를 갖고 온 사람들이다. 누가 이들에게 노력하지 않는 엄마라고 비판할 수 있을까? 누가 아이를 잘못 키웠다고 나무랄 수 있을까? 그들은 노력하지 않는 게 아니었다. 날마다 이 책 저 책을 뒤적이며 우리 아이를 더 행복하게 만들고 더 잘 키우기 위해 노력하며 살고 있었다. 그런데 그들은 하나같이 '나는 좋은 엄마가 아닌 것 같다'고 말한다.

모든 것이 내 탓인 걸까?

이 강의를 떠올릴 때면 첫눈이 내리던 날 산책하던 순간이 함께 떠오른다. 새해가 밝아오는 것을 보면서 나는 결심했다. '아침 6시가 되면 아름다운 호숫가를 매일 30분씩 산책하리라!' 그런데 결심한 바로 다음 날 자정이 넘어 눈이 내리기 시작했고, 새벽이 되자 15센티미터가 넘게 쌓였다. 눈이 와서 위험할 것 같았지만 결심한 첫날부터 자신과의 약속을 깨고 싶지 않아 갈등 끝에 결국 호숫가로 향했다. 그리고 아무도 없는 공원의 새벽 공기를 맡으며 눈이 온 길을 걷기 시작했다. 왼쪽으론 호수가 있고, 오른쪽으론 나무가 있고, 정면으론 산자락이 보이는 그 길을 앞만 보고 걸었다.

100미터쯤 걸었을까, 문득 뒤돌아보곤 깜짝 놀랐다. 발자국이 생각했던 방향으로 찍혀 있지 않았고, 상상하던 모양과도 전혀 달랐기 때문이다. 어떤 속도로 걸었는지 알 수 있을 만큼 길게 끌린 자국이 선명했고, 심지어 팔(八)자 모양으로 찍혀 있었다. 내가 이렇게 걷는다는 걸 전혀 몰랐다. 그전에는 내가 걸었던 길이 처음 걷는 길이 아니었기에 표가 나지 않았던 것이다. 누구도 걷지 않은 길을 걷자 비로소 내 발자국을 선명하게 볼 수 있었다.

강연에 참석했던 엄마들이 '나는 좋은 엄마가 아닌 것 같다'라고 생각하는 것도 이와 같은 이유일 것이다. 아무도 걷지 않은 눈길 위의 첫 발자국처럼, 한 번도 내디뎌본 적 없는 육아라는 눈길 위에 처음 발을 내딛다 보니 자신의 모습이 어떤지 선명하게 보이는 것이다. 세상에 하나뿐인 아이와 아무도 걸어본 적 없는 길을 걷고 있기에 삐걱거리는 모습도 보이고, 가끔 일그러진 발자국도 보이게 된다. 오늘 걸은 발자국이 밤이 되면 엄마의 마음을 괴롭힌다.

조금 더 잘 걷고 싶다는 생각에 육아 책을 뒤져봐도 어렵긴 마찬가지고, 자꾸만 자신이 가고자 하는 방향과 엇나가는 느낌이 든다. 여러 책 속에 적힌 성공적인 육아 방식을 고스란히 가져와 내 아이에게 똑같이 적용한다고 해도 결과가 같을 수는 없다. 내 아이에겐 그에 맞는 육아 책이 창조되어야 한다는 걸 알지 못했다. 그러곤 '난 왜 어렵지?', '난 왜 안 되지?'라고 자책하기도 한다.

아이와 함께 걸어온 길이 삐뚤빼뚤한 것처럼 느껴질 땐 괴로움도 함께 온다. 아이가 원만하지 못한 모습을 보일 땐 모든 것이 자기 잘못인 양 화살촉을 자신에게 돌리기도 한다. 실수를 반복하거나 자신의 양육 방식에 확신이 없어 부모로서 한 걸음, 한 걸음을 떼는 것이 두렵고 어깨가 무겁기만 하다.

이 모든 게 엄마들 탓일까. 그렇지 않다. 우리는 몰랐다. 아이와 함께 어떻게 걸으면 가볍게 걸을 수 있는지, 어떻게 해야 원하는 발자국을 만들 수 있는지 말이다.

처음엔 누구나 넘어진다,
걸음마를 배울 때처럼

눈이 내린 그 날의 산책길을 돌아본 후에야 비로소 걸음걸이를 수정하기 시작했다. 나는 어떤 이유로 발자국이 기울게 찍히는지 살펴보았다. 발목에 힘을 주지 않고 힘없이 발을 끌어서 생긴 발자국들이었다.

앞을 보고 발목에 집중하면서 앞발부터 꾹, 그리고 이어서 뒤꿈치를 내렸다. 출발하면서 만든 팔자 모양의 못난 발자국을 왼편으로 두고 돌아오는 길에는 똑바로 걸으며 내가 원하는 대로 일자 모양의 발자국을 찍었다. 아주 경쾌하게 눌러 밟은 나만의 또렷한 발자국이었다.

'난 좋은 엄마가 아닌가 봐' 하는 자책으로 스스로를 괴롭히는 대신 잠시 멈추어 자신을 살펴보자. '난 이럴 때 화가 나.' '난 이 경우엔 참기가 힘들어.' '난 이럴 때 참 서글퍼.' '난 이럴 때 마음이 적적해.' '난 이럴 때 너무 아파.' 조금 기울어진 부분이 있다면, 그런 자신을 바로 세우면 된다. 처음엔 누구나 넘어진다. 걸음마를 배울 때처럼.

처음 걸음을 뗄 땐 넘어져도 그 모습을 아무도 비판하지 않았다. 오히려 모두의 응원을 받았다. 처음이니까. 그러니 모든 것이 처음이어서 미숙한 자신을 비판할 것이 아니라, 다시 일어나고 다시 도전하는 모습에 박수를 보내자. 아무 평가도 받지 않고 걸을 때의 우리는 "잘 안 돼"라고 말하며 주저앉아 우는 대신 생글생글 웃으며 오뚝이처럼 일어나 다시 걸었다. 그때의 모습을 생각하며 자신의 힘을 믿자. 내가 무엇 때문에 뒤뚱거리는지 알아내 중심을 맞추고, 다리에 힘을 주고, 보폭을 조절하자. 그래야 똑바로 나아갈 방향을 정할 수 있다.

물론 잘 할 수 있을 거라는 믿음이 있어도 때때로 용기를 잃을 때가 있다. 그래서 감정을 알아가는 작업이 필요하다. 천천히 내 안의 나를 만나고 내면의 이야기를 들어주기 위한 공부. 이 공부를 해야만 엄마이기 전에 한 생명체인 자신을 단단히 세워 땅속 깊이 뿌리내리게 할 수 있다. 좋은 엄마가 되고 싶다면, 시간이 흐를수록 더 깊이 더 넓게 뿌리내려 흔들리지 않는 모습이 되어야 한다. 단단하고 안정적인 내가 있을 때 비로소 아이도 뿌리내리는 방법을 학습하고 건강하게 자란다.

대리석을 조각하듯 필요 없는 부분을 잘라내기도 하고, 때론 조심스럽게 문지르는 정성을 보태야 할 때도 있을 것이다. 이 책에 담긴 방법을 꼼꼼하게 실천한 후 책을 덮을 때는 '나는 나를 사랑한다'는 말을 할 수 있게 되기를 바란다. 자신을 사랑할 수 있다면 자녀 교육은 쉬워진다. 우리는 자신을 찾아가는 중이고, 좋은 엄마가 되어가는 중이다.

좋은 엄마가 되고 싶다면, 시간이 흐를수록
더 깊이 더 넓게 뿌리내려 흔들리지 않는 모습이 되어야 한다.
단단하고 안정적인 내가 있을 때 비로소 아이도
뿌리내리는 방법을 학습하고 건강하게 자란다.

공감하고 싶은 엄마, 공감할 수 없는 엄마

내 아이는 행복한가?
나는 행복한가?

작은 방 문틈으로 바다 향기가 들어왔다. 동해안의 겨울 바다 향기는 건조하지만 매력적이었다. 병원에서 퇴원한 지 하루가 지났으니 아이를 낳은 지는 5일째 되는 날이다. 내 몸 같이 느껴지지 않던 시간들 속에서도 가슴이 아프다는 것을 아주 정확하게 느낄 수 있었다. 어느 순간 땡땡하게 부풀어 오르더니 마사지를 하자 조금씩 젖이 돌기 시작했다.

　나는 까만 머리에 두 눈을 감고 있는 아이의 움직임을 살피느라 한시도 아이에게서 눈을 떼지 않았다. 아이가 잠시 입을 오물거리면 초보 엄마는 '지금 젖을 먹어야 할 시간인가?' 하며 언제 젖을 주어야 하는지 몰라 계속 보고만 있었다. 보는 것만으로도 행복했다. 나에게 찾아온,

나를 닮은 생명이란 그렇게 신비스러웠다.

"응애!" 아이가 신호를 보냈다. 그동안 젖이 돌지 않아 품에 안고 젖을 줄 수 없었는데, 열심히 미역국을 먹은 탓인지, 병원 밥이 아니라 집밥을 먹어서인지 젖을 물릴 수 있었다. '쩝, 쪽' 아이가 작은 입을 오므려 있는 힘을 다해 빨아 당기니 가슴이 찌릿했다. 살기 위해 온 힘을 다하고 있는 아이의 의지가 느껴졌다. 나로 인해 살 수 있는 힘을 얻는다는 사실, 내가 생명을 위한 영양분을 줄 수 있다는 사실이 감격스러웠다.

'나로 인해 생명이 살게 되는구나.'

'이 작은 아이가 나에게 온전히 의지하는구나.'

'그래. 아들아, 엄마가 지켜줄게.'

'건강하게 무럭무럭 잘 자라도록, 행복하게 자라도록 도움이 되어줄게.'

그 시간은 강렬한 인생의 한 컷으로 자리 잡았다. 그때 '아들을 잘 지켜내겠어'라며 스스로에게 무언의 약속을 했다. 하지만 시간이 흐르며 난 그때의 다짐을 마음 한편 다락방에 올려두었다.

엄마의 욕심이
아이를 아프게 한다

아이가 5학년이 되었을 때 아이와 함께 한 달 정도 인도로 여행을 떠났다. 둘만의 여행이었다. 인도 여행이 좋았다는 주변 사람들의 말에 힘입어 용기를 내 짐을 꾸렸다.

하지만 엄마와 아들 둘만 떠난 인도 여행이 쉬울 리 없었다. 델리에서 만난 사람들은 관광객에게 조금이라도 더 이익을 챙기려고 술수를 썼다. 낯선 땅에서 말이 통하지 않았고, 안전하지 않다는 것을 체감할 수 있었다. 나는 아들을 더 예민하게 챙기며 긴장을 놓지 않았다. 위험하다는 생각이 들던 델리에서 보낸 4일은 끔찍했고, 하루라도 빨리 벗어나고 싶은 마음뿐이었다.

다음 방문할 곳을 아잔타 석굴로 정했다. 세계사 책에서만 보던 아잔타 석굴을 볼 기회가 생겼으니 아들에게 좋은 경험이 될 거라고 확신했다. 기차를 타고, 걷고, 택시를 타고, 걷고, 마지막엔 언덕을 올랐다. 드디어 아잔타 석굴 10미터 앞에 도착했다. 델리에서 사람들에 너무 치였던 탓에 안도의 한숨이 나왔다. '휴~.' 그런데 그때 아들이 한마디 던졌다.

"엄마 난 여기 있을래."

"아니 여기까지 어떻게 왔는데…?"

이곳으로 오기까지의 과정이 스쳐 지나갔다. 그리고 아들의 비협조적인 모습에 화가 났다. 나는 목소리에 힘을 실어 이야기했다.

"여기까지 애써 왔으니 들어가자."

"싫어."

"그럼 진작 오고 싶지 않다고 했어야지 힘들게 와서 들어가기 싫다 그러면 어떻게 해. 빨리 가자."

"싫어."

단호하게 싫다고 말하는 아들의 말에, 예민해 있던 나는 화를 버럭 내며 아들의 등을 한 대 찰싹 때리고 말았다. 깜짝 놀란 아들은 순식간에 빨개진 눈으로 날 바라보았다. 어쩔 수 없이 따라나선 아들은 구석구석을 열심히 돌아다니며 엄마를 따라 불상들을 낱낱이 보았다.

그러나 다음 행선지인 다람살라로 이동한 후 아들은 내내 아파 누워 있어야 했다. 열이 40도 가까이 올랐지만, 인도에서 여행자가 갈 수 있는 병원을 찾기란 쉬운 일이 아니었다. 내가 할 수 있는 일이라곤 준비해간 해열제와 감기약을 먹이는 것, 싸 가지고 간 한국 음식을 모조리 꺼내 먹이는 것, 한국으로 바로 돌아갈 수 있도록 가장 빠른 비행기 표를 알아보는 것, 밤낮으로 아이 옆에서 기도하며 보살피는 것이 전부였다. '일어나기만 하렴….' '아프지 말자….' 낯선 나라에서 5일 동안 같은 기도를 했다. '아프지 않고 건강하게 한국으로 돌아갈 수 있게 해주세요.'

아들이 몸이 안 좋은지도 모르고 조금 더 많이 경험하게 하고 조금 더 많이 기억하게 하려던 엄마의 부질없는 욕심은 더 이상 얼굴을 드러내지 않았다. 5일째가 되자 아들은 조금씩 건강을 회복했고 자리에서 일어나 걷기 시작했다.

관광객들을 위해 숙소 앞에 서 있던 말을 함께 구경한 것이 다람살라에서의 가장 아름다운 기억이다. 우리는 조그만 가게에서 각설탕을 사서 말에게 주었다. 각설탕을 급하게 받아먹는 말을 보며 함께 웃고, 아들이 그 말을 타고 히말라야산맥이 보이는 작은 동네를 한 바퀴 도는 것으로 다람살라 여행을 마무리했다. 그때 아들의 웃음소리를 참 오랜만에 들었다. 참으로 오랜만에….

엄마라는 이름을 선물한 아이

만약 시간을 돌릴 수 있는 마법 같은 일이 생긴다면 그때 그 장소로 돌아가 지친 아들의 아픔을 보지 못한 채 행동만 보고 질책하던 일을 수정하고 싶다. 이처럼 우리에겐 아이가 태어나던 순간의 감동적인 기억들도 있지만, 아이를 키우며 했던 실수 혹은 지우고 싶은 장면들도 남아 있다.

아이는 엄마라는 이름을 선물해준 소중한 존재다. 그런데 아이를 키우다 보면 아이를 처음 만났을 때의 마음을 다락방에 올려두고는 최고의 아이가 되라고 주문을 외우고, 누구보다도 잘하고 무조건 경쟁에서 이기라고 이야기하는 실수를 범할 때가 있다. 그러고는 아픈 마음을 표현하는 아이의 행동을 이해할 수 없는 문제아의 행동으로 보곤 한다. 치료가 필요한 아이로 단정 지어버리고 만다. 자신을 알아차릴 수 없었고, 상황을 알아차릴 수 없었기 때문이다.

하지만 모르는 사이에 우리의 실수로 아이가 아파간다. 알아차리기만 한다면 다르게 접근할 수 있는데 몰라서, 알아차리지 못해서 아이들은 자꾸만 아프다.

많은 엄마들이 아이에 대한 죄책감, 미안함으로 살아간다. 그러나 그 마음 또한 귀한 마음이라는 걸 말해주고 싶다. 그 모든 것이 아이와 더 잘 지내고 싶고 아이를 더 잘 키워내고 싶은 욕구에서 비롯된 감정이기 때문이다. 절대 이 부분을 간과하지 말았으면 한다.

죄책감이나 미안함이 느껴진다면 그건 아이를 잘 키우고 싶은데 그게 마음처럼 되지 않아서라는 걸 인정해줄 필요가 있다. 처음 걸어가는 길이기에 잘하고 싶은 마음과 다르게 미로를 헤매듯 원하는 목적지에 가는 길을 몰랐다. 무엇이 잘못된 것인지 알 수 없어 자는 아이를 바라보며 가슴이 아파왔을 뿐이다.

자녀 교육을 어떻게 해야 할지, 공감을 어떻게 해야 할지, 사랑을 어떻게 해야 할지 방법을 모르기에, 발걸음을 바쁘게 옮기고 아이를 재촉해도 제자리를 맴돌고 실수가 반복되는 것 같아 괴로웠을 것이다. 더 좋은 엄마가 되고 싶은 꿈과 정반대로 말이다. 그렇게 조금씩 지쳐왔을 수도 있다. 어떻게 해야 공감할 수 있고, 어떻게 해야 아이가 행복하게 자라고, 어떻게 해야 더 이상 잘못을 반복하지 않을까 고민하고 자책하면서 말이다.

우리가 꿈꾸던 엄마의 모습은
지금부터 시작이다

엄마이기에 생명이 탄생하는 순간의 감동을 마음 한편에 가지고 있지만, 삶에 지치고 육아에 지치면 그 귀한 순간을 잊게 된다. 그럴 땐 잠시 모든 생각을 내려놓고 아이를 낳았을 때 가장 바랐던 것이 무엇인지 떠올려보자. 잠시 자신의 기억과 만나 작은 생명체에게 했던 이야기들을 떠올려보자. 아이를 만나기 전, 아이가 태어나기를 기다리며 아이를 위해 기도하던 마음을 기억해내는 것이다. 그리고 '지금까지는 내가 잘 몰랐어. 그러니 지금부터 다시 시작해볼게. 나 자신의 마음을 들여다보면서 너를 만났을 때의 기쁨을 떠올릴게. 누구보다 나 자신을 먼저 알아차려 볼게' 하고 결심해보자.

우리는 충분히 좋은 엄마가 될 수 있다. 지금까지 아이를 잘못 키운 것이 아니다. 아이와 함께 방법을 찾느라 힘들었던 시간과 잘 지내게 될 시간의 접점에 있을 뿐이다.

지금 느끼는 미안함과 죄책감의 주변을 자세히 살펴보는 것은 자녀를 더 잘 양육할 수 있는 힌트가 되어줄 것이다. 그리고 그 힌트는 감정을 들여다보는 과정 속에서 발견된다. 미안함, 죄책감 등의 근원 감정들을 관찰하며 자신의 감정에 담겨 있는 더 깊은 감정들을 만난다는 건 어찌 보면 행복으로 가는 열쇠 구멍을 발견하는 것이다. 그 구멍에 딱

맞는 열쇠는 감정 공부를 통해 자신을 관찰하고 아이를 관찰할 힘이 생겼을 때 갖게 될 것이다.

    열쇠를 손에 쥐었다면 이제 열쇠 구멍에 열쇠를 넣고 돌리면 된다. 그러면 자녀와의 관계에서 지금과 사뭇 다른 새로운 세상으로 가는 문이 열릴 것이고, 자녀 교육은 한층 쉬워질 것이다. 아이와 엄마 사이에 닫혀 열리지 않던, 보이지 않는 문을 열고 소통하기 시작했을 때 아이도 자신도 행복한 웃음을 지을 수 있게 될 것이다. 행복한 엄마가 되고 행복한 아이로 자라는 것은 더 이상 이루지 못할 꿈이 아니다. 오늘도 방법을 찾고 있는 당신에게는 말이다.

공감하고 싶은 엄마, 공감할 수 없는 엄마

내 안의 분노가 아이의 영혼에
상처를 남기고

"하루 종일 게임만 하고, 도대체 밥 먹고 하는 일이 뭐니?"

"하루 종일 하지 않았어요."

"하루 종일 안 해? 그래, 화장실 가고 밥 먹을 때 빼고 컴퓨터 게임 하지. 하루 종일은 아니네."

"……"

"도대체 뭐가 되려고 그러니 아무 쓸모도 없는 사람 돼서 밥 빌어먹고 살고 싶어서 그래?"

"……"

"동생이 널 닮을까 봐 걱정이다. 언니가 좀 똑바로 살아야 동생이 보고 배우지. 매일 컴퓨터 게임에 빠져서 중2가 되어서도 앞가림도 못하고, 정말 엄마가 널 보면 답답해서 살 수가 없어."

아인이 엄마는 이 기억을 나누며 얼굴을 들지 못했다. 하염없이 흐르던 눈물을 숨기느라. 청소년 시절을 이야기하던 중 자신의 삶과 연관이 있다는 사실을 발견한 것이다.

"엄마는 항상 아침 일찍 나가 7시쯤 들어오셨어요. 집에 돌아오셨을 때 정리되어 있지 않은 집, 설거지가 잔뜩 쌓인 부엌, 텔레비젼을 보고 계신 아버지, 컴퓨터 게임을 하고 있는 나를 보면 화부터 내셨죠. 유일하게 여동생에게만 화를 내지 않았는데, 여동생은 지금 간호사가 되어 자신의 일을 똑 소리 나게 하고 있어요."

이렇게 말하던 아인이 엄마는 아무 말 없이 어깨를 들썩이며 10여 분 동안 소리 내어 울었다. 나는 그녀에게 물었다.

"무엇이 눈물을 흐르게 하는 것 같아요?"

"제가 엄마의 말대로 살고 있는 것 같아서요."

"정말 밥벌이도 잘 못 했고, 이것저것 하다 말고, 능력 없는 사람이 되어서…. 형편없는 모습으로… 남편한테 기대서…. 하려고 했지만 잘 안 되더라고요. 금방 흥미도 잃고, 사람 관계도 힘들고…. 모든 게 뜻대로 안 된 것 같아요…."

아인이 엄마는 어떤 일이든 열정적으로 하고 싶었다고 했다. 정말 잘 살고 싶었고, 새로운 일에 도전해 성취해내고 싶었단다. 하지만 어느 정도 시간이 지나면 불안하고, 되지 않을 것 같고, 잘 못 하는 상황이 두려워서 끝까지 마무리 짓지 못했다고 고백했다. 멋지게 성취하고 싶던 마음과 달리 하다 만 것만 수두룩하다는 것이다. 아이가 태어나서 아이 뒷바라지하는 것이 어쩌면 다행인 것 같다고까지 이야기했다.

이제 아인이의 할머니가 된 그녀의 어머니는 일하고 돌아와 화냈던 일을 기억조차 하지 못할 것이다. 자신이 무엇 때문에 화를 냈는지, 어떻게 화를 냈는지도 기억하지 못할 것이다. 하지만 그녀는 아주 상세히, 그리고 생생하게 기억하고 있다. 그 기억들을 떠올리면 어깨가 들썩이고 숨이 가빠질 정도로 여전히 그 기억은 삶속에 생생하게 살아 있다.

"김치 떨어졌지? 엄마가 다음 주에 가서 만들어주마."
"반찬은 있니?"

한 달에 두세 번도 더 반찬과 김치 걱정을 하시는 엄마가 자신을 사랑하지 않는다고 생각하지는 않았다. 그저 어릴 적 말들이 윙윙거리며 맴돌 때 마음이 아픈 것뿐이라고 했다. 그리고 어려움이 닥칠 때마다 마음에 가득 찬 두려움을 외면하기 위해, 하고 있는 일을 더 이상 해서는 안 되는 이유들을 찾았다고 이야기했다. '차를 너무 많이 타고 돌아다녀야 되는 일이네', '사람들이 왜 이 모양이야', '비전이 없어' 하면서.

그러나 사실 그녀의 진짜 마음은 '나는 잘할 수 없어. 결국 인정받을 수 없을 거야', '동료와 상사들은 내게 불만이 가득해', '이런 부정적인 상황에서 도망가고 싶어'였다.

내 말이 내 아이의 삶에
가시밭길을 만든다면

우리가 살면서 떠오르는 모진 말들은 누군가의 분노 속에서 혹은 누군가의 지친 마음에서 또 누군가의 억울함이나 답답함에서 나온 말들인 경우가 많다.

그녀의 어머니는 "난 지금 좀 지쳐. 나 좀 도와주면 좋겠어"라고 말할 힘조차 없기에 "집이 이게 뭐니? 앞으로 뭐 되려고 이렇게 너저분하게 해놓고 지냈니?"라고 표현했던 것이다. 지친 몸을 이끌고 집으로 돌아왔는데 쉴 수 없고, 집에서도 무언가를 또 감당해야 하는 상황이 스트레스로 다가오고, 그 스트레스가 화로 표현되어 나왔을 것이다. 아이가 미워서가 아니라 단지 삶에 지쳤을 뿐이다. 현실이 지치고 화가 났을 뿐이다. 참아야 한다고 생각했기에 수년간 버텨왔지만 그게 어느 순간 욱하고 튀어나왔을 뿐이다.

그녀는 몰랐을 것이다. 자신이 한 말이 아이에게 어떤 부정적 경험으로 자리 잡을지. 그것이 아이의 삶에 어떤 형태로 영향을 미칠지. 안타깝게도 그 말들은 아이의 삶에 큰 영향을 미치고 말았다. 아이는 어떤 일을 할 때마다 엄마의 말들이 귓가에 울리며 위축되었다. 엄마의 말이 삶 전체를 좌지우지한 건 아니겠지만, 적어도 용기를 내고 싶은 순간마다 떠올라 도망가고 싶은 마음이 들었다.

만약 자신의 말이 아이에게 이런 영향을 미칠 수 있다는 걸 알았다면 그렇게 말했을까. 오히려 아이가 그런 순간마다 용기를 낼 수 있도록 도와주는 말을 해주고 싶지 않았을까. 다시 말해 그녀의 어머니가 알았다면, 분노나 화나 억울함을 다르게 표현했을 것이고 잠깐 멈출 힘을 발휘했을 것이다.

하지만 잠깐 멈출 수 있는 힘, 이게 좀처럼 쉽게 발휘되지 않는다. 화가 나고 지치고 답답한 마음은 습관이 되어 표출되고 패턴이 되어 반복된다. 그래서 우리는 자신의 에너지를 채우는 방법, 스트레스를 조절하는 방법, 감정을 바르게 전달하는 방법을 공부할 필요가 있다. 그래야 더 이상 내 안의 '화'를 보지 못해 아이에게 상처 주는 일을 멈출 수 있다. 아이가 성장해서 상처로 기억할 말들이나 가슴 아픈 기억을 물려주지 않을 수 있다.

그러기 위해서는 자신을 알아차리고 자신의 화를 이해하고 자기감정의 근원 지점을 보아야 한다. 그런 다음 사랑을 사랑으로 전하는 기술을 익히고, 감정을 나누고, 이해하는 방법을 익히고, 소통을 시작하면 된다.

자신은 기억하지도 못하는, 의도와 상관도 없는 말들을 아이가 성장해서까지 상처로 느끼며 산다면 얼마나 가슴 아플까. 아이가 삶의 순간순간마다 그 말을 떠올리며 아파하고, 용기를 내야 할 순간에 힘을 낼 수 없게 된다면, 그렇게 아이의 삶에 자신의 말이 의도치 않은 방향으로 길을 만들어가고 있다면 말이다. 지금 우리에겐 자신의 화를 알고 이해하는 힘, 화를 잠시 멈추는 힘이 필요하다. 내가 하는 말과 행동을 언제 멈추어야 할지 그때를 아는 힘이 필요하다. 그래야 아이의 영혼에 상처가 되는 말들로 아이의 삶에 가뭄 든 땅처럼 금이 가는 것을 막을 수 있다. 나아가 아이가 힘이 필요할 때, 용기가 필요할 때 우리의 말을 떠올리며 힘을 얻고 한 발 더 용기 있게 나아갈 수 있다. 그래서 감정 공부가 절실히 필요하다.

공감하고 싶은 엄마, 공감할 수 없는 엄마

나는 내 아이를 제대로 사랑하고 있을까?

엄마라면 가끔 마음에 찾아오는 질문이 있다. '나는 내 아이를 제대로 사랑하고 있는 걸까?' 불현듯 찾아드는 질문에 스스로 답변을 찾다 보면 어느새 '아니야'라고 말하고 있다. 최선을 다하고 있음에도 불구하고 말이다. '제대로 사랑하고 있지 않은 것 같아'라고 결론을 내리고 나면 괴로움이 더해진다.

이쯤에서 질문을 한번 해보자. 제대로 사랑한다는 것은 어떤 걸까? 어떻게 사랑해야 하는지에 대한 가치관이 서 있지 않을 땐 작은 자극에도 흔들리며 자신이 하는 행위들을 재단하게 된다. 자신의 아이를 제대로 사랑하고 있는지 궁금한 엄마들에게 먼저 이런 질문을 해보고 싶다.

"본인 자신을 사랑하나요?"

"당연히 사랑하지!"

이렇게 대답할 수도 있다. 그러나 좀 더 구체적으로 자신의 마음을 들여다보자. 결혼 전에 비해 달라진 몸매, 육아와 결혼생활에 얽매여 있는 것 같은 삶, 행복을 느끼지 못하는 답답한 상황, 이런 상황을 만든 나 자신…. 여러 가지 못마땅한 부분들이 떠오를 것이다. 언제 다듬었는지 모를 곱슬곱슬한 머리는 지저분해서 싫고, 구부러진 새끼발가락이 예쁘지 않아 싫다. 아이들이 남긴 밥을 먹고 있는 내 모습이 싫고, 뚜렷한 직장이 없는 지금의 처지가 싫다…. 결코 자신을 사랑할 수 없는 여러 이유가 꼬리에 꼬리를 물곤 한다.

지금의 나보다 조금 더 나은 나였다면 더 사랑할 수 있을 것 같다는 생각이 들기도 한다. '영어를 잘하면 좀 더 좋았겠다', '좀 더 공부를 열심히 해서 전문적인 일을 했으면 좋았을 텐데', '키가 좀 더 컸으면 좋았겠지', '좀 더 능력 있는 여성이었다면 더 자랑스럽고 사랑스러울 텐데' 등 지금보다 조금만 더 나은 나였다면 훨씬 사랑스러울 것 같다고.

지금 그대로의 나를 만나는 일

이런 생각은 어디서 온 것일까? 생각의 근원지를 따져보면 자신에게서 비롯되지 않은 경우가 많다. 길쭉하고 늘씬한 연예인들에 의해 미의 척도가 달라진 매스컴이나 사회의 영향, 나보다 인기가 많은 친구와 비교되던 학창시절의 영향이거나 어딘가에서 들려오는 "일을 완벽하게 할 줄 알아야 해. 그래야 인정받는다" 같은 목소리, 혹은 경쟁 속에서 살아온 삶 때문인 경우도 있다.

우리가 미처 느끼지 못하고 있는 무의식 속에 허락도 받지 않은 채 자신을 비판하고 평가하는 관점과 가치관이 천천히 그리고 깊게 스며들었다. 때로는 부모님의 목소리가, 때로는 선생님의 목소리가, 때로는 친척들과 선배들의 목소리가 이렇게 말한다. "넌 부족한 사람이야", "아직 멀었어", "형편없어", "지금까지 뭐했니?", "왜 그렇게 사니?"…. 그러고는 그 목소리들이 아주 자연스럽게 자신의 가치관이 되고 엄격한 평가 기준이 되어 스스로 인정하지 못하게 만들곤 했다. 어디서 왔는지도 모르는 이 모든 소리와 생각들이 하나의 관념 덩어리가 되어 자신을 덮고는 본연의 모습을 볼 수 없게 만들어버린 것이다.

자신을 제대로 사랑하려면 이 생각들을 이해하고 버릴 수 있는 노력이 필요하다. 자신을 있는 그대로 인정해주기 위해선 지금 그대로의 나를 만나야 한다. 더 나아질 나, 이랬으면 더 좋았을 내가 아니라 지금 거울 속에 보이는 나 말이다. 잠시 자신에게 집중해 잠재의식 속에서 스스로 의식하지 못한 채 영향을 미치고 있었던 경험들과 삶의 무게, 사회문화와 삶의 비밀들을 살펴볼 필요가 있다. 두려워서 혹은 복잡해서 혹은 외면하고 싶어서 꺼내 보지 않았던 기억들과 만나는 것이다.

　감정 공부 철학의 근간을 만든 하임 기너트는 '감정은 내쫓는다고 해서 사라지지 않는다'고 이야기한다. 스스로 잊었다고 생각했던 감정들, 그러나 쉽게 이해되지 않아 억지로 잊으려 했던 감정들은 사라지지 않은 채 우리 몸이나 마음 어딘가에 고스란히 흔적을 남긴다. 감정은 왜 그런 감정이 들었는지 살피고 '아! 그래서 그런 감정이 들었구나' 하고 이해해주는 순간 정리되며 사라진다.

너니까, 너라서, 너이기에

남아 있는 감정들을 들여다보아야 한다. 감정을 알아가는 게 잘 안 되고 어렵다고 느껴질 수도 있다. 혼자 감정을 정리하는 건 불가능하다고 생각할 수도 있다. 그렇다면 '나라는 사람의 삶을 이해해보자'는 말은 어떤가? 누군가가 자신의 삶에 대해 얘기할 때 그 이야기에 진심을 다해 귀를 기울이면 그 사람을 이해할 수 있게 된다. 그리고 그것을 상대와 나눌 때 상대는 진정으로 공감을 받았다고 느낀다. 이처럼 자신의 삶을 만나 진심으로 귀를 기울이고 집중해서 살펴보는 것이다. '아, 너 상황이 그랬구나. 그런 기분이 들었구나' 하고 공감해주는 것이다.

　과거의 감정에 완전히 몰입하라는 게 아니다. 지금의 나로서 과거와 현재의 경계선 즈음에서 자신을 온전히 바라보며 관찰하고, 그 상황 속에서의 감정들과 만나 자신을 이해해보자는 것이다. 이 과정들을 통해 자신을 옭아매던 사회적 지침이 무엇이었는지 알아차리기도 하고, 지금까지 자신을 덮고 있던 껍질을 벗을지 말지도 결정해보자.

내 삶의 주체는 나다. 선택권은 나에게 있다. 스스로를 진심으로 이해해줄 때 자신을 누르던 기억의 잔여물들이 사라지고, 몸과 마음이 가벼워지며, 기억과 상황들이 재구성되는 것을 경험하게 된다. 또한 자신을 인정할 수 없었던 이유를 찾아냈다면 사랑할 수밖에 없는 이유도 발견하게 될 것이다. 스스로 뾰족한 화살을 겨누던 자신을 내려놓고, 이해하고 안아주면 된다.

"그래, 정말 애 많이 썼구나."

"그래, 그 상황에서 지쳤을 텐데 지금 이 자리에 잘 있구나."

"나의 모진 비난들을 견디고 버텨주었구나."

"항상 나의 편이었구나."

"고맙다."

이렇게 말하며 존재를 인정해주면 된다. 자신을 지나치게 사랑하거나 포장하라는 얘기가 아니다. 자신을 비판하던 시선을 내려놓고, 두려움으로부터 스스로 보호하기 위해 날을 세웠던 뾰족함을 내려놓고, 두려움의 근원까지 보고, 다른 사람의 비판이 두려웠던 이유도 수용하면서 지금의 자기 모습 그대로를 인정하라는 것이다. 조건을 달지 말고 자신의 존재를 그대로 받아들이라는 것이다. 어떤 모습이든 상관없이 인정하며 지지하자는 것이다. 생명을 지키고 있는 지금의 모습만으로도 충분하다는 것을 지지하자는 것이다. 지지를 받아본 사람은 타인을 지지할 수 있는 힘을 얻는다.

이렇게 자신을 인정하는 방법을 알았다면 자신을 안아주었듯이 아이를 안아줄 수 있다. '공부를 더 잘하면 좀 더 인정해줄 수 있겠는데'가 아니라, '친구들과의 관계가 더 좋으면 만족할 수 있겠는데'가 아니라, '엄마 말을 조금 더 잘 들으면 더 예뻐 보이겠는데'가 아니라, '조금 더 살이 빠지면 더 보기 좋을 텐데'가 아니라 '너니까, 너라서, 너이기에 사랑한단다'로 말이다. 생명 자체로 귀한 존재의 빛남을 인정하면 된다. 자신을 관찰하며 이해하게 되듯, 아이를 관찰하고 이야기를 나누고 이해해서 아이의 삶을 인정하자. 존재 자체로 사랑받아본 아이들은 자신의 힘을 더 믿으며, 더 높이 날 수 있도록 삶의 근육을 사용할 줄 알게 된다.

이제 '나는 내 아이를 제대로 사랑하고 있을까?'에 대한 답을 할 수 있는가? 아이가 무엇을 잘하지 않아도 세상 유일무이한 존재로 귀하게 인정할 수 있는가? 그렇다면 제대로 사랑하기 시작한 것이다. 만일 그렇지 않고 무엇을 좀 더 채워야 사랑할 수 있다면 그것이 아이를 위한 것인지 자신의 꿈, 체면, 과거의 기억, 성취감과 만족감을 위한 것인지 가슴에 손을 얹고 잠시 생각해봐야 한다. 그 답을 당신은 이미 알고 있을지도 모른다.

엄마에게 감정 공부가 필요한 이유

엄마에게 감정 공부가 필요한 이유

나를 찾아가는
감정 공부

지방에 강의가 있었다. 2시간씩 4회 동안 진행되는 강의로 부모가 어떻게 아이와 공감하고 소통할 수 있는지 알려주는 내용이었다. 강의는 여느 때처럼 성공적으로 잘 마쳤는데, 어두운 밤길을 달려 돌아오는 동안 하나의 잔상이 머릿속에서 떠나질 않았다.

강의가 끝나자마자 한 엄마가 다가와 애절한 표정으로 말을 꺼냈다.

"선생님…, 저 어떻게 해야 할지 모르겠어요. 나름대로 노력한다고 했는데… 안 되나 봐요…."

그 어머니는 말을 더 잇지 못하고 간절함이 가득한 눈으로 나를 하염없이 바라보았다. 나는 메일 주소를 건네며 못다 한 얘기를 보내달라는 말을 남기고 그 자리를 떠났다. 나를 믿기에 자신의 이야기를 솔직하게 꺼낸 것이었을 텐데, 정작 내가 해줄 수 있는 건 그 순간 메일 주소를 건네는 게 전부였다.

'그래. 엄마들이 몇 번의 강의를 듣는 것으로 아이와의 관계를 개선하기엔 막막할 수 있겠어. 노력하고 싶고 개선하고 싶지만 막상 실행에 옮기려고 하면 무엇부터 해야 할지 막연하게 느껴질 테니까.'

엄마들은 지푸라기라도 잡는 심정으로 내 강의를 들었을 테고, 강의실을 나서는 나를 붙들고 울먹이며 속에 있는 얘기를 털어놓았을 것이다. 집으로 돌아오면서 엄마들을 위한 감정 공부에 대한 계획을 세워야겠다고 마음먹었다. 이미 간절함을 가득 안고 있을 테니 조금만 더 노력해 감정 공부를 한다면 자녀 교육에 지금과는 다르게 접근할 수 있을 테고, 훨씬 행복한 엄마가 되어 아이와 함께할 수 있으리란 확신이 들었다. 공부는 8주면 충분할 듯했다. 그 과정을 계획하면서 머릿속에 8주 후 감정 공부를 통해 행복해진 엄마들의 모습이 그려져 가슴이 벅차올랐다.

다시 들어보는 내 이름

얼마 후, 엄마들을 만나 감정 공부의 첫 시간을 열었다. 가장 먼저 하는 작업은 자신이 누구인지를 소개하는 것으로, '누구 엄마'라는 호칭을 빼고 이름과 좋아하는 것, 잘하는 것들 위주로 이야기하는 것이 규칙이었다.

"저는요… 제가 좋아하는 것은… 이런 것들이고요. 대학 때는 이런 걸 잘했던 것 같은데…."

"지금은 이런 걸 잘하게 된 것 같아요. 요즘엔 이런 게 좋은 것 같고요."

"너무 오랜만에 나에 대해 생각해보는 것 같아요."

"내가 무엇을 좋아하는지, 잘하는지 한동안 생각해본 적이 없었던 것 같아요."

"이런 얘기를 하다 보니 가슴이 먹먹해져요."

자기소개가 끝난 후 이 과정을 통해 느낀 점을 나누는 시간을 가졌다. 자신을 어떻게 소개해야 할지 막막했다는 사람, 떨리는 음성으로 엄마로 지내는 동안 자신에 대해 생각해본 적이 없다고 말하는 사람, 누구누구의 엄마로 소개하는 건 익숙하지만 이름을 얘기하자니 어색하다고 하는 사람 등 반응은 다양했다. 엄마들의 눈가는 어느새 촉촉해져 있었다. 엄마라는 이름이 아닌 '나'를 만났기 때문이었다.

엄마들의 감정 공부는 나를 찾아가는 작업으로부터 시작된다. 8주 동안 나를 느끼고 나를 알아가고 이해하는 방법 위주로 진행된다. 처음엔 자신의 삶을 보는 것이 어색하지만 자신의 감각, 감정, 기억에 대한 이야기를 하면서 엄마라는 이름 속의 내가 아닌 나 '○○○'의 삶을 먼저 정돈한다. 어수선하고 뒤죽박죽이던 기억과 감정, 삶의 흔적들을 나누고 정리하다 보면 몸과 마음이 말끔하게 정돈되는 것을 느끼게 된다. 신선하고 여유 있고 상쾌함이 있는 새로운 마음의 공간을 갖게 되는 것이다. 마치 말끔하게 정리된 집처럼 말이다.

자신을 찾는 작업 없이는 모든 관계 속에 있는 나라는 존재가 흔들리게 된다. 아이와의 관계에서는 특히 그렇다. 자신이 정돈되지 않은 상태에서, 자신을 모르고 자신의 감정들을 모르는 상태에서 아이의 감정을 보고 공감하고 아이와 잘 지내는 건 어려운 일일 수밖에 없다. 그래서 우리에겐 감정 공부가 필요하다. 나의 행복을 위해, 아이의 행복을 위해, 내 가족의 행복을 위해, 가장 먼저 해야 할 일은 바로 자신을 찾는 작업이다. 감정 공부를 하면 아이의 마음에 공감하려는 작은 소망들이 실현됨을 느끼게 될 것이다.

엄마에게 감정 공부가 필요한 이유

엄마에게 감정 공부는
왜 필요할까?

"전 아이를 아주 자유롭게 키워요."

나를 비롯해 강의실에 있던 7명의 엄마들은 하나같이 민지 엄마의 목소리가 들리는 곳으로 시선을 돌렸다. '아이를 자유롭게 키운다고?' 민지 엄마의 통통 튀는 목소리가 흡인력이 있기도 했고, '자유롭게 키운다'는 말이 호기심을 자극하기도 했다. 우리의 시선을 인식한 민지 엄마는 코를 찡긋하고 웃더니 일곱 살 된 민지 얘기를 들려주었다. 하지만 씩씩해 보이는 민지 엄마 뒤로는 긴장감이 숨어 있는 듯 보였다.

8주 감정 공부를 하는 동안 민지 엄마는 유난히 눈물을 많이 흘렸다. 그녀는 폭력적인 아버지가 심어준 자신의 어린 시절과 만나고, 자신의 관점과 만나고, 그동안 인식하지 못했던 무의식적인 행동들과 만나며 하염없이 울었다. 함께 감정 공부에 참여한 엄마들은 민지 엄마가 살아온 삶에 귀를 기울였고, 충분히 이해하는 듯 보였다. 이해하려고 억지로 노력한 게 아니었다. 그림이 그려질 것 같은 민지 엄마의 이야기를 듣고 나니 저절로 이해가 된 것뿐이었다.

이야기를 듣는 동안 우리는 함께 눈물을 흘렸고, 자신의 순서가 돌아오면 가둬두었던 아픈 이야기들을 꺼내놓았다. 민지 엄마뿐 아니라 한 공간에서 만난 다른 엄마들도 각자의 아픈 상처들을 치유해나갔다. 이유 없던 화의 근원지를 찾고, 하염없이 흐르던 눈물의 발생지를 찾고, 자신의 몸을 위축시켰던 환부에 손을 얹으며 삶을 보듬었다. 감정 공부는 더 자유롭고 자연스럽고 순수했던 이전의 자신과 만나게 해주었다.

"전 올 때마다 울기만 했네요. 왜 그렇게 눈물이 나던지…. 하지만 마음이 많이 가벼워졌어요. 아이를 대할 때도 예전처럼 화가 나는 것을 참으며 아이 옆에 있지 않고요. 감사해요. 폭력적인 아버지의 모습도 용서가 되었고, 그런 아버지를 두려워하며 숨어 지내다시피 했던 어린 저를 안아줄 수 있었어요."

민지 엄마는 8일 동안 공부하며 아이를 자유롭게 키운다고 했던 자신의 철학이 어디에서 비롯된 것인지 알게 되었다. 마지막 날, 그녀는 나와 다른 엄마들에게 감사를 표했다. 씩씩함과 경쾌함 뒤에 숨어 있던 아픔을 진솔하게 풀어내고 마지막 날을 맞이한 민지 엄마의 눈가는 여전히 촉촉했다. 그러나 어깨의 긴장감과 몸의 경직은 풀려 있었다. 안정감 속에서 봉인을 해제하고 난 후에 얻은 자유로움이었다.

모든 감정에는 이유가 있다

아이를 어떻게 하면 더 잘 기울 수 있을지 알기 위해 시작한 감정 공부는 내 안의 나를 만나 꼭 안아주는 작업이다. 어린 시절의 부정적 경험들은 자신이 원하든 원하지 않든 무의식 속에서 나를 조정한다. 특히 어릴 때 겪었던 것과 비슷한 상황이 발생하거나 비슷한 말들, 비슷한 기분을 느끼는 순간이 오면 순식간에 부정적 경험을 했던 당시와 비슷한 감정으로 바뀌어버린다. 남들은 이해할 수 없는 지나친 분노, "도대체, 왜 그러니?"라고 핀잔을 듣게 되는 행위들을 만들어버린다. 그 감정과 행동에는 사실 이유가 있다. 자신이 알아차리지 못했을 뿐이다.

자신을 관찰하고 경험들을 되짚어보고 슬픔과 분노의 원인들을 찾아가고 이해하는 것은 자신의 감정과 행동을 조절하는 힘을 갖게 한다. 분노에 휩쓸리는 것이 아니라 욱할 때 잠시 멈춰 자신의 모습을 어떻게 만들지 선택할 수 있게 한다. 다시 말해, 아이에게 격한 분노를 뿜어내던 자신의 모습을 후회하면서 잠든 아이를 보며 눈물짓는 일들이 점차 사라지게 된다는 뜻이다.

감정 공부를 하는 8일 동안 엄마들은 아무에게도 전달해보지 못한 묵직한 이야기들을 풀어내며 비로소 자유로워진다. 최선을 다해 솔직해지고, 최선을 다해 그때의 아픔과 직면하며, 최선을 다해 자신을 보듬고 이해해주는 시간을 갖는다. 감정 공부는 자신이 준비된 만큼 효과를 발휘한다. 다른 사람들 앞에서 어린 시절의 기억으로 돌아가 이야기를 풀어놓는 것에는 용기가 필요하고 보듬을 힘이 필요하기 때문이다.

민지 엄마처럼 감정을 공유한 엄마들은 자신이 비워낸 공간에 새로운 것이 채워지면서 한결 편안하고 부드러워졌다. 공부가 끝나고 집으로 돌아가 편안하게 남편의 이야기를 듣기 시작했고, 아이를 관찰하는 힘이 생겼다. 자신을 이해하기 위해 시작한 감정 공부는 아이를 더 공감할 수 있게 도왔고, 타인의 감정과 자신의 감정을 알아차리도록 도왔고, 다른 사람들과 더 원만한 관계를 형성하게 도왔다. 그렇게 감정 공부를 통해 자신의 행동과 감정을 이해해갔다.

감정을 보는 작업들은 감정을 조절할 힘을 준다. 또한 관계 기술을 발달시키기도 한다. 우리가 감정 공부를 해야 하는 이유는 이것만으로도 충분하다.

육아의 절반은 감정이다

"오늘은 몸이 좀 무겁게 느껴지고 아무것도 하고 싶지 않은 날이었어요."

하늘이 엄마가 입을 열었다. 중간 중간 말을 멈추고 숨을 고르며 하늘이 엄마는 긴 이야기를 이어나갔다.

"지난 주말 지방에 있는 시댁에 다녀왔어요. 출발하는 당일 아침까지도 쌓여 있던 설거지를 미루고시고요. 운진하는 남편, 뒷자리에서 세상모르고 자는 아이와 고속도로에서 오랜 시간을 보내며 서울로 올라왔는데, 돌아오는 길에 머리를 가득 채운 건 어제저녁 엄마가 하셨던 말씀이었어요. 엄마가 용돈을 좀 올려달라고 부탁을 하신 거예요. 우리 생활비도 빠듯한 상황인데, 남편은 그냥 쉽게 올려드리자고 해버리니 당황스럽더라고요. 집에 도착하자마자 눈이 더 말똥말똥해져서는 놀아달라고 매달리며 떼쓰는 아이에게 '빨리 자! 내일 유치원 가야지! 지금이 몇 신데 그러고 있어!' 하며 결국 화를 내고 말았어요. 시무룩해져서 방으로 들어가는 아이를 보니 마음이 아팠죠.

그렇게 아이를 재우고 아침을 맞았지만 어제의 기분이 계속되었어요. 아침을 먹는 아이는 나를 힐끗힐끗 쳐다보며 눈치를 보고, 남편은 지금 내 기분을 아는지 모르는지 그냥 평소처럼 출근을 하더군요. 그런데 아이가 갑자기 유치원에 가기 싫다고 떼를 쓰는 거예요. 또 화가 확 치밀었어요. '무슨 소리야! 늦었어, 얼른 나와!' 울먹이는 아이를 차에

태워 유치원에 보내버렸어요. 에휴, 지금까지도 마음이 답답하고 속상해요."

긴 이야기를 들은 엄마들은 하늘이 엄마의 심정을 충분히 이해했다. "나도 그랬어요", "그럴 땐 저도 괜히 아이에게 짜증을 내요. 그리고 돌아서서 후회하곤 하죠" 하는 말들도 보탰다.

예일대 감성지능센터장 마크 브래킷 교수는 그의 저서 〈감정의 발견〉에서 '감정은 우리 자신과 주변 사람들의 삶이 더 나아질 만한 행동을 독려하기도 하지만, 미처 알아채지 못하는 사이에 부정적 영향을 미치기도 한다'고 말한다. 알아차리지 못하는 순간이야말로 감정에 가장 많이 휘둘리는 순간이라는 것이다.

우리가 감정에 가장 많이 휘둘리는 순간은 감정이 조금씩 더해지며 무의식 속에 스며들 때다. 현재만 보면 부드럽게 대처할 수 있는 일이지만, 과거부터 차곡차곡 포개어진 감정은 그 크기가 커져 아이에게 화를 내는 것으로 드러난다. 육아의 절반은 감정에 의해 좌우된다.

그 자리에 함께했던 엄마들과 나는 하늘이 엄마의 이야기와 감정에 집중했다. 하늘이 엄마의 상황을 잘 듣고, 그녀가 들려준 이야기에 공감했다. 이 시간을 통해 하늘이 엄마는 상황을 객관적으로 볼 수 있게 되었다.

"당연히 섭섭하죠. 조금이라도 더 아껴온 내 노력이 얼마나 허무하게 느껴졌겠어요. 내 마음을 이해받지 못하는 것 같고 말이에요. 저라도 그랬겠어요"

우리는 이런저런 부분에 공감하며 하늘이 엄마의 마음을 느껴주었다.

"아니에요. 지금 생각해보니 너무 민감하게 반응했던 것 같기도 해요. 저녁에 남편과 다시 솔직하게 이야기해봐야겠어요."

하늘이 엄마는 우리의 공감에 힘을 얻으며 한결 편안해진 모습을 보였다.

감정엔 옳고 그름이 없다

보통 이런 일이 있을 경우 엄마에게 용돈을 드릴지 말지 고민하며 문제 해결에만 초점을 맞춘다. 하지만 상황을 보고 그때 내가 어떤 감정을 느꼈는지, 무엇 때문에 그랬는지 파악해야 한다. 그래야 작은 눈덩이가 점점 커져 산사태를 일으키듯이 아이에게 불똥이 튀는 걸 멈출 수 있다.

감정엔 옳고 그름도 없고 좋고 나쁨도 없다. 모든 감정은 수용되어야 하고, 자신이 원하든 원치 않든 자연스럽게 찾아온다. 흐린 날이 있고 맑은 날이 있고 비 오는 날이 있듯이 상황에 따라 의도하지 않아도 자연스럽게 스며드는 것이 감정이다. 그 감정을 그저 바라봐주고 알아주는 작업이 매우 중요하다.

자신의 감정이 행복으로, 즐거움으로 가득 차 있을 때는 육아가 그다지 어렵게 느껴지지 않는다. 하지만 자신의 감정이 무의식중에 부정성을 더해갈 때, 다시 말해 에너지 손실이 많을 때는 아이에게 긍정적으로 대처할 힘을 잃게 된다. 그래서 육아의 절반은 감정이다. 감정 관리는 육아에서 굉장히 중요한 역할을 한다.

심리학자 존 메이어와 피터 샐러베이는 그들의 논문에서 감성 지능에 대해 이렇게 정의한다. '감성 지능이란 감정을 정확히 인지하고 분석하고 표현하는 능력, 감정과 감정에 대한 지식을 이해하는 능력, 정서적이고 지적인 성장을 촉진하는 능력이다.' 즉 감성 지능은 자신의 감정을 이해하고 알아차리는 것에서부터 시작된다고 볼 수 있다.

감성 지능이 높은 엄마가 된다는 것은 감성 지능이 높은 아이로 성장하도록 돕는 힘이 있다는 것과 같다. 우리는 감정 공부를 통해 자신을 자책하는 대신 자신의 감정을 알아가고 관리하고 이해하고 표현하는 힘을 기르고, 욱하고 화를 내는 자신을 자책하는 대신 자신의 감정을 이해하고 성장을 촉진해볼 필요가 있다.

자신의 감정을 이해받은 하늘이 엄마는 스스로 방법을 잘 찾아내 남편과 지혜롭게 이 문제를 조율해나갔다. 문제 해결에 초점을 두던 시선을 거두고 자신의 감정을 먼저 관찰하고 이해할 때 생각지도 못했던 지혜가 발현되기도 한다.

엄마에게 감정 공부가 필요한 이유

아이는 엄마의 감정을
먹고 자란다

"제가 임신했을 때 많이 우울했어요. 그래서 우리 아이도 그런 걸까요?"

지우 엄마가 질문했다. 고등학교 2학년인 지우는 학교생활에 어려움을 겪고 있었다. 학교를 자주 빠졌고 학교에서도 무기력한 모습만 보인다고 한다.

지우 엄마는 지금 아이의 모습을 보면 외면하고 싶다고 말했다. 죄책감을 외면하고 싶고, 부담감을 외면하고 싶다는 이야기처럼 들렸다. 지우 엄마는 어린 나이에 엄마가 되어 아이를 키우기가 힘에 겨웠단다. 스트레스가 자신이 이겨낼 수 있는 한도를 넘었고, 그로 인한 무기력감이 아무것도 할 수 없게 만들었던 것 같다. 임신 중의 우울감이 정말 뱃속 지우에게 영향을 미친 것일까?

　최근 과학은 태아도 감정이 있다는 것을 증명하고 있다. 또 태내 경험이 두뇌의 감정 중추와 아기의 성격에 장기적으로 영향을 미친다는 것도 밝혀내고 있다. 김태훈 정신과 전문의는 '임신 중인 엄마가 스트레스를 받으면 모체에서 스테로이드 호르몬이 분비되는데, 이때 과잉 분비된 스테로이드가 태아에게 전달돼 뇌를 파괴하며 중추를 공격하고 감정 중추를 위축시킨다'고 말한다. 엄마의 우울증이 유전되는 것이 아니라 이런 경험을 하고 태어난 아이의 경우 감정 조절을 잘 못하고 예민하며 잘 우는 아이가 될 수 있다는 것이다.

　게다가 엄마가 스트레스가 많고 우울함을 느끼면 아이를 관찰할 의욕도 없고 관심 갖기도 힘들어 아이는 불안전 애착을 경험하게 된다. 이런 상황이 반복되면 아이의 정서에 지장을 주게 되고, 사회성과 정서 발달이 이루어지지 않아 아이는 더 우울해진다. 결과적으로 태내에 있을 때 유전적 영향을 미친 것은 아니지만 환경적으로는 영향을 미쳤다고 할 수 있다.

　인체에서는 전자기장이 발생한다. 그중 가장 강력하게 발생하는 곳은 심장이다. 심장의 전자기장은 우리 몸 전체를 덮고 있으며 주변의 모든 방향으로 뻗어 나간다. 민감한 측정 장치로 측정하면 2~3미터 떨어진 곳에서도 전자기장이 잡힌다.

　심장 과학 전문 연구기관인 하트매스 연구소는 개와 그 개의 주인인

소년이 한 공간에 머물 때와 각각 다른 공간에 머물 때 심장 자기장이 어떻게 변하는지 관찰하는 실험을 했다. 소년과 개를 한 방에 두었을 때 개는 아이의 심장 자기장의 영향을 받았다. 즉 개의 심장 자기장이 아이의 심장 자기장 형태로 변했다. 반면 소년과 개를 다른 공간에 떨어뜨려 놓았을 때는 소년과 개의 심장 자기장 그래프가 서로 다르게 나타났다. 하트매스 연구소의 이 실험을 통해 같은 공간에 있을 때 심장 자기장이 서로 영향을 주고받는다는 사실을 알 수 있다.

심장 자기장은 양손을 벌린 만큼의 거리까지 영향을 미친다. 이는 현재의 과학으로 증명된 거리로, 과학이 발전하면 그 범위가 달라지리란 점에서 더욱 흥미롭게 느껴진다. 뇌의 자기장이 2~3센티미터 퍼져나가는 것에 비하면 심장 자기장의 영향이 어마어마함을 알 수 있다. 부정적인 것도 긍정적인 것도 전파되는 힘이 뇌의 자기장보다 훨씬 강하다. 이 강력한 심장 자기장의 영향을 아이는 자신과 가장 친밀한 사람에게서 받는다. 엄마의 감정 상태가 아이에게 영향을 미칠 수밖에 없다.

엄마 아빠가 원하는 삶을 사는 아이들

"엄마는 자주 울었어요. 저는 그 모습을 매일 보는 게 너무 싫었어요."

지우는 엄마를 떠올리며 이렇게 말했다. 그리고 자신의 기억에 차곡차곡 쌓여 있던 아픈 이야기들을 꺼내놓았다. 감정의 얼음 속에 갇혀 있던 지우는 얼음을 깨고 숨을 쉴 수 있는 통로를 찾고 있는 듯 느껴졌다. 엄마와 나누고 싶었던 이야기들이지만 나눌 수 없었던 이야기들, 슬퍼하는 엄마에게 더 슬픔을 주지 않을까 싶어 차마 할 수 없었던 이야기들. 또래보다 성숙한 지우는 이야기를 하며 소리 내어 울었다.

이렇게 성숙한 아이들은 엄마 아빠가 힘들까 봐 배려하는 마음에서 그들이 원하는 삶을 살기 위해 노력한다. 자신의 삶을 살아내는 것이 아니라 엄마 아빠가 원하는 삶을 대신 살아낸다. 결국엔 그 삶이 행복하지 않다는 걸 깨닫고 포기 선언을 하거나 감정을 외면하며 지내기도 하고, 자신의 삶을 건강하게 살아내지 못하기도 한다.

아이와 엄마를 따로따로 만난 후 함께 모여 이야기하는 시간을 가졌다. 엄마는 말과 행동 속에 숨어 있던 진심을 전했고, 속 깊은 아이는 엄마를 이해했다. 아이 역시 엄마에게 보이던 자신의 모습과 다른 속마음을 이야기했다. 어떤 게 괴롭고 어떤 부분이 힘든지, 이런 상황에서 어떤 기분이 드는지 이야기를 나누었다. 그 전까지는 이런 이야기 없이 본질과 다른 모습으로 서로의 모습을 상상하며 대하고 있었다.

애써 쓰고 있는 가면을 벗고, 가면 안의 말랑말랑한 속살을 서로 보여주는 시간을 가졌다. 그리고 대화 없이 자신의 판단으로 상상했던 오해를 이해로 바꿨다. 그 날 이후로 지우는 언제 그랬냐는 듯 잘 지내며 잃었던 웃음을 찾았다. 수업시간에 엎드려 잠을 택하던 소녀의 모습에서 선생님을 응시하고 무엇인가에 집중하는 원래의 모습으로 돌아왔다. 어깨를 축 늘어뜨린 채 고개도 들지 않고 하루를 살아내던 아이는 이제 밝은 웃음을 지으며 자신이 가고자 하는 방향을 응시하고 있었다.

지우 엄마는 이제 부드러운 말로도 충분히 지우와 대화할 수 있게 되었다. 엄마와 아이가 대화를 통해 알게 된 가장 중요한 사실 하나는 '서로 사랑하고 있다'는 것이었다. 그것으로 충분했다.

성숙한 아이들은 엄마 아빠가 힘들까 봐
배려하는 마음에서 그들이 원하는 삶을 살기 위해 노력한다.
결국엔 그 삶이 행복하지 않다는 걸 깨닫고
포기 선언을 하거나 감정을 외면하며 지내기도 하고,
자신의 삶을 건강하게 살아내지 못하기도 한다.

엄마에게 감정 공부가 필요한 이유

나를 만나기 위해
필요한 것들

"인간은 패배하도록 창조된 게 아니야. 파멸 당할 수 있을지는 몰라도 패배할 수는 없어." 헤밍웨이가 쓴 〈노인과 바다〉의 주인공 산티아고가 상어 떼에 맞서 싸우며 젖먹던 힘까지 다해 소리치는 말이다. 인간은 정신적으로 패배할 수 있게 창조된 게 아니다. '어쩌면 우리가 삶을 살아가며 찾아야 하는 진리 중 하나가 부정을 극복해 패배하지 않는 나로 사는 것이지 않을까'라는 생각을 잠시 해본다. 패배하지 않기 위해서는 '패배하지 않겠어'라는 결심만으로는 부족하다. 패배하지 않기 위해 준비해야 할 것이 있다. 바로 돌봄이다.

사전적 의미로 돌봄이란 '건강 여부를 막론하고 건강한 생활을 유지하고 증진하거나 건강의 회복을 돕는 행위'를 말한다. 우리는 '나'라는 생명체가 패배하지 않기 위해 건강 여부를 막론하고 건강한 생활을 유지하고 증진하거나 건강의 회복을 돕는 행위인 돌봄을 할 수 있어야 한다. 돌봄은 옆에 있는 사람에게 받을 수도 있고, 병원을 찾아 누군가에게 받을 수도 있고, 스스로 할 수도 있다. 환부가 눈에 보인다면 누군가가 우리에게 돌봄을 베풀 수 있겠지만, 자신조차 볼 수 없었던 마음의 환부는 다른 사람이 발견하기 어렵고, 자신이 이야기로 풀어내기 전에는 어떤 고통이고 얼마나 큰 괴로움인지 알기가 쉽지 않다.

곪을 대로 곪은 감정,
고약이 필요하다

감정을 공부하며 느낀 건 감정 공부는 환부에 바르는 약과 같다는 사실이다. 나는 여섯 살 때 할아버지가 발라주셨던 고약이 아주 신기했다. 할아버지는 성냥불로 검은 고약을 살살 녹여 하얀 종이 위에 동전만한 크기로 펼치셨다. 그리고 가운데에 하얀색 약을 조심스럽게 얹더니 몇 번 상처를 봤다 고약을 봤다 하다가 상처에 고약을 붙이셨다. 찐득찐득한 그 약이 환부에 닿으면 빨갛던 상처 자리가 점차 하얗게 변했고 시간이 가면 갈수록 누렇게 되었다.

"만지지 말고 가만 둬야 상처가 잘 아물지!"

고약이 신기해서 고약의 하얀 종이를 살짝살짝 들춰보던 나는 간혹 이런 핀잔을 듣기도 했다. 하지만 덕분에 고약이 상처를 어떻게 치료하는지 관찰하게 되었다. 고약을 붙인 환부는 곪을 대로 곪는다. 그리고 빨갛던 독기는 모두 지쳐 쓰러진 듯 하얗게 변하는데, 시간이 어느 정도 흘러 고약 종이를 떼면 곪을 대로 곪았던 고름이 죄다 빠져나온다. 그러곤 새살이 돋고 상처가 아문다. 가끔은 우리네 삶에도 고약을 붙여야 하는 때가 있다. 누구나 크고 작은 환부를 지니고 있으니까.

상담을 하려고 온 대부분의 엄마들은 몇 마디를 채 하기도 전에 눈물을 글썽이곤 한다. "왜 이러죠? 왜 이렇게 눈물이 날까요?" 하며 말을 채 잇지 못하고 눈물을 떨군다. 그저 온기를 담아 바라보는 눈빛만으로도 환부가 신호를 보내기 시작한 것이다.

엄마들은 아팠지만 아픈지 몰랐고, 힘들었지만 무엇 때문에 힘든지 몰랐다. 무엇 때문에 이유 모를 눈물이 나는지 모르던 엄마들이 감정 공부를 통해 자신을 돌보는 일을 시작했다. 자신의 감각과 감정 기억들을 여기저기 눌러 보고 '여기가 아프네' 하며 천천히 자신의 환부를 관찰하고 자세히 들여다보는 시간을 가졌다. 빨갛게 부어오른 상처가 어디서부터 어디까지인지를 살폈고, 무엇이 가장 아프게 했는지를 보았다.

검은 약을 펼치고 하얀 약을 얹어 가장 아픈 부분에 붙였다. 그러자 하얗게 고름이 생기기 시작했다. 그 과정은 쓰라렸고 흉측했고 고통스러웠다. 하지만 용기 내어 고름이 생긴 환부를 짜냈다. 서서히 새살이 돋기 시작했다.

환부를 명확히 관찰하고 고름을 짜내는 작업은 쉽지만은 않다. 자신의 삶 속에 얽혀 있던 파편들을 연결하고, 잘라낼 것을 잘라내고 버릴 것을 버리며 정리해야 한다. 이 작업은 어렵지만 분명 새살을 돋게 하고 새로운 에너지를 만든다.

심장에 난 상처는
시간이 흘러도 아물지 않는다

나는 자신을 스스로가 먼저 돌보는 방법을 안내하려고 한다. 작은 상처는 시간이 지나면 피부가 재생되거나 잊고 지내는 동안 말끔히 없어지기도 한다. 그래서 우리는 심장에 난 상처도 스스로 아물겠거니 시간이 약이겠지 한다. 심장에 난 상처는 시간이 흐른다고 아무는 것이 아니라는 것을 몰랐기 때문이다.

거울을 보며 겉모습을 살피듯 내면도 살펴야 한다. 상처 난 곳은 없는지, 약을 발라야 하는 곳은 없는지, 쓰다듬어주어야 하는 곳은 없는지 챙겨야 한다. 해가 잘 들도록 방향을 바꿔놓아야 하는 곳은 없는지. 양분을 잘 흡수할 수 있도록 분갈이를 해야 하는 건 아닌지, 자신의 에너지를 빼앗아 가거나 온몸에 힘이 빠지는 무기력 또는 짜증의 근원은 무엇인지 등을 살피는 작업이 필요하다.

외부에 있는 상처는 피를 얼마나 흘리고 있는지 알기에 빠르게 대처할 수 있지만, 자신의 경험과 기억으로 인해 심장에 난 상처는 어떻게 치료해야 하는지 알 수 없다. 심장은 날마다 뛰어야 하는, 엄청나게 중요한 임무가 있기에 들추어내 관찰한다는 것은 상상하기조차 어렵다. 그래서 30세, 40세, 50세가 되어가는 우리는 그서 그 경험들을 심장에 그대로 품고 살아왔을 수도 있다.

심장에 자국을 남긴 상처를 드러내는 것이 수치스러웠고 아팠고 두려웠다. 그래서 시간이 지나 상처가 저절로 치유되고 자연스럽게 회복되기를 소망하곤 했다. 하지만 회복은커녕 할퀴어진 상처는 아물지 않은 채 반복적으로 자신을 힘들게 하고 자신도 알지 못하는 사이에 힘이 빠지게 하는 등 에너지를 갉아 먹는 원인이 되고 말았다. 잘 살아보겠다는 자신의 뒷덜미를 잡고 가끔은 슬프게, 화나게 만드는 원인이 되기도 했다.

내 배는 똥배, 내 손은 약손

누구에게나 돌봄의 시간을 통해 내면의 나를 만나 이야기를 듣는 시간이 필요하다. 아무도 들어주지 않았던 나만의 이야기에 집중해 충분히 들은 후 고개를 끄덕여주자. '맞아, 그때 그런 일이 있었지', '그래, 나도 기억이 나네', '그땐 좀 슬펐어', '그때 엄청 화났는데, 내가 참았지. 주변 사람들이 난처할까 봐' 등등. 내면의 내가 하는 이야기들에 토 달지 말고 그저 들어주기만 하면 된다.

이렇게 자신을 만나는 작업을 할 때 중요한 준비물이 있다. 스스로를 따뜻하게 안아줄 힘이 있는 사람이라는 믿음, 스스로를 속이지 않고 거짓 없이 이야기하겠다는 정직한 용기, 머뭇거리는 자신에게 충분히 기다려줄 수 있으니 때가 되었을 때 이야기하라고 말할 수 있는 인내, 그리고 내면의 이야기를 아주 주의 깊게 들을 것이고 안전하게 지킬 것이며 모든 이야기를 수용할 것이라는 신뢰가 필요하다. 내면의 나를 비판하며 자신을 있는 그대로 안아주지 못했던 점을 미안해하고 용서를 부탁해야 할 수도 있다.

이 모든 작업은 때론 아픔이 될 수도 있고, 때론 눈물이 될 수도 있고, 때론 기억 속의 여행이 될 수도 있다. 하지만 자신과의 돌봄 여행을 마칠 땐 건강해진 심장에서 작은 희망의 새싹이 자라나는 것을 보게 될 것이다. 그때는 돌봄 과정을 끝내고 엄청난 심장의 힘으로 안전하게 뿌리내린 자신이 아이를 돌보는 시간을 시작하게 될 것이다.

'너도 다른 모습을 갖고 싶었겠지.' '네가 원했던 상황은 아니었지.' '그 상황들 속에 있던 넌 아팠던 거야.' '네가 그렇게 할 수밖에 없었겠네.'

'그 순간 너, 얼마나 힘들었니.' '그래도 그걸 이겨내고 다시 무엇인가를 일구어가고 있구나.' '누구라도 그 순간에 더 잘할 수는 없었을 거야.' '수고했어,' '괜찮아.'

아직도 아픈 기억 속에 갇혀 주인공 역할을 하고 있는 어린 나에게 성장한 내가 다가가 말해줄 수도 있다. 정확히 바라본 아픔은 자신을 이해하고, 지나간 시간 속의 찰나를 이해하고, 상대를 이해하는 힘을 갖게 만든다. 아픔이 곪아 터진 자리에 새살이 돋듯, 아픔이 지나간 자리엔 창조성이 자리한다. 새로운 삶을 만들어가고, 새로운 관계를 만들어가고, 새로운 관점으로 새로운 선택을 할 수 있게 된다. 이 모든 것은 아픔을 이겨낸 사람들이 가질 수 있는 특권이다.

잠시 자신의 아픔을 어루만져주는 약손이 되어보자. 기억 속에 있는 아픔에 손을 얹고 따뜻하게 쓰다듬어주는 작업이 감정 공부다. 우리는 따뜻한 손을 상처에 살포시 얹어 위로해줄 힘이 충분히 있다. '내 배는 똥배, 내 손은 약손.'

자신을 만나는 작업을 할 때 중요한 준비물이 있다. 스스로를 따뜻하게 안아줄 힘이 있는 사람이라는 믿음, 스스로를 속이지 않고 거짓 없이 이야기하겠다는 용기, 충분히 기다려줄 수 있는 인내, 그리고 내면의 이야기를 아주 주의 깊게 듣고 수용할 것이라는 신뢰가 필요하다.

진짜 엄마가 되기 위한 준비, 8일간의 감정 공부

진짜 엄마가 되기 위한 준비, 8일간의 감정 공부

바라보는 만큼, 다가가는 만큼
보이는 감정

감정 공부가 본격적으로 시작되었다. 엄마들의 감정 공부가 주제인 만큼 엄마들로만 모임을 구성했다. 자녀와 지금보다 조금 더 행복해지기를 원하는 엄마, 남편 혹은 아이와의 관계를 더 좋게 만들어보고 싶은 엄마, 아이와 대화를 어떻게 해야 하는지 잘 모르는 엄마, 아이와 공감하는 방법을 알고 싶은 엄마 등 관계 속에서 행복을 꿈꾸는 사람들은 물론 자신의 능력이 더 많이 발현되길 원하는 사람, 실존적인 삶을 살고 싶은 사람까지 감정 공부의 대상은 누구나 될 수 있다.

모임의 인원수는 그렇게 중요하지는 않으나 4~6명 정도의 소수 인원이 적당하다. 중요한 것은 서로의 이야기를 안전하게 나눌 수 있어야 한다는 것이다. 꼭꼭 숨겨뒀던 자신의 이야기를 스스로의 입을 통해 세상에 들리도록 말해보는 것이다.

자신의 이야기를 다른 엄마들과 나누는 것이 부담스럽다면 이 책의 활동순서를 따라가며 혼자 감정 공부를 할 수도 있다. 자신의 내면을 만나 스스로 성찰하고 공감해보고 싶다면 1일 차 과정을 8일간 진행하며 일기를 쓰듯 매일 워크지를 작성하는 것만으로도 효과가 있을 것이다.

여기 소개한 내용은 6명 정도의 엄마들이 일주일에 한 번 2시간씩 진행한 8주간의 과정이다. 엄마들은 일주일에 한 번 만났지만 날마다 워크지를 작성하며 자신의 감각, 감정, 기억과 만났다. 워크지는 다시 만날 때까지 일주일씩 반복해 작성했다.

감정 공부를 하는 8주 동안 엄마들은 매일매일 워크지에 무언가를 적어갔다. 이 과정은 녹록치 않다. 그러나 나는 행복해지고 싶은 마음, 자녀를 잘 양육하고 싶은 마음으로 인내하고 실천해보라고 안내한다.

물론 우리가 살아온 방대한 삶을 겨우 8일이라는 시간에 다 설명할 수는 없다. 워크지에 있는 내용으로 수많은 이야기를 나누고 그것을 본 사람들로부터 공감을 얻겠지만 모두 다 이해받을 수는 없을 것이다. 결국 우주 공간처럼 넓은 삶과 기억을 정리해서 치유로 이끄는 건 나 자신의 몫이다. 스스로 자신을 관찰하고 보듬는 힘을 가질 때 비로소 치유는 가능해진다. 워크지를 성실하게 작성해나가는 것은 자신의 우주 같은 삶을 여행하기 위한 좋은 로켓을 갖는 것과도 같다.

자신을 위한 시간을 내는 게 쉽지는 않을 것이다. 그러나 당부하고 싶다. 이 과정은 참석만으로는 효과가 없다. 좋은 정보들을 머릿속에 담는 것만으로는 삶이 크게 변화하지 않는다. 반드시 단순한 것을 반복적으로 해내는 성실함이 필요하다. 8주 동안 자신을 탐구하고 찾아가는 과정이 있어야 에너지의 흐름이 달라지는 것을 경험하게 되고, 몸이 가벼워짐을 느끼고, 화가 나는 상황에서 화가 나지 않게 되는 걸 발견할 수 있다.

치유는 어떤 사람이 누군가의 삶에 대해 '이렇게 하라'고 이야기하는 것만으로 되는 게 아니다. 치유는 자신의 삶을 스스로 들여다보며 고개를 끄덕여주고 이해해주고 보듬어주고 안아줄 때 일어난다. 그제야 미움과 원망, 화로 가득 찬 채 지쳐 있던 마음이 넓어지고, 고통 뒤에 찾아온 통찰을 통해 지혜를 담을 수 있게 된다.

따라서 8일간의 감정 공부를 하는 동안 머리로 이해하는 것을 뛰어넘어 심장의 힘을 발휘해야만 한다. 육아에 지칠수록, 육아로 자신을 찾을 시간이 없을수록, 하루가 어떻게 지나가는지 숨이 가빠 돌아볼 여유가 없을수록 더 열심히 워크지를 붙들어야 한다. 날마다 자신의 감정을 워크지에 일기처럼 적어본 엄마와 아닌 엄마는 8주 후에 놀라운 차이를 보이게 된다.

8주 동안 주어지는 워크지와 과제들을 꾸준히 하다 보면 나도 모르는 사이에 귀한 선물들이 자신의 삶에 도착해 있을 것이다. 그저 책장을 넘길 게 아니라 책을 읽는 동안 적극적으로 워크지를 채워가며 이 과정에 참여해보길 바란다. 감정은 시간을 투자하는 만큼, 공을 들인 만큼 알아차릴 수 있다. 그리고 그렇게 들여다본 감정은 성큼성큼 자신에게 다가와 친밀해지고, 투자한 만큼 기적 같은 일들을 펼치기 시작한다. 손을 움직이고 몸을 움직이며 감정을 만나라! 이렇게 공을 들인 당신에게 놀라운 변화가 찾아오리라 확신한다.

진짜 엄마가 되기 위한 준비, 8일간의 감정 공부

1일 차
오감을 통해 나를 발견한다

What (무엇을 해야 할까?)	감각을 알아차린다.
Why (왜 해야 할까?)	감각을 깨우고, 감정을 이해할 수 있다.
How to (어떻게 할까?)	천천히 호흡하면서 감각을 느껴본다. 1~4의 활동을 하나하나 따라가며 워크지를 채워본다.

감정 공부 1일 차. 엄마들은 처음이라 대부분 어색해하지만, 그 옆은 미소 위로 반짝이는 눈빛을 보게 된다. 아마 희망의 눈빛일 것이다. '나도 아이를 잘 키워내고 싶어' 하는 의지가 담겨 있는 것도 같다.

1일 차 감정 공부는 총 4가지 활동으로 나뉜다. 이 활동은 어렵거나 복잡하지 않다. 우리가 누군가를 처음 만났을 때 하게 되는 생각과 느끼는 감정들을 정리하는 시간이라고 보면 된다.

활동 ❶ 들어가기

가장 먼저 해야 할 활동은 8일 감정 공부에 들어가는 자신의 생각과 바람을 자유롭고 편안하게 적어보는 것이다.

나의 생각과 바람

1 현재 내 기분은?
  (예 : 편안하다, 설렌다, 떨린다, 낯설다, 행복하다, 불안하다 등)

2 현재 내가 느끼는 자녀 교육의 어려움은?

3 내가 바라는 내 아이의 미래는?
"우리 ○○는 (   )게 살게 되었으면 좋겠어요."

4 8일간의 감정 공부로 성장하고 싶은 부분은?

활동 ❷ 자기 소개하기

두 번째 활동은 자기 소개하기다. 의외로 이 과정에서 많은 엄마들이 당황해한다. 그저 자신에 대해 소개하는 것뿐인데 그런 내 모습이 어색한 것이다. 늘 누구 엄마로만 살다 보니 나 자신에 대한 이야기를 꺼내는 것이 자연스럽지 않다. 어떤 엄마는 막막함에 목소리가 살짝 떨리기도 하고, 자기 이름을 말하며 많이 부끄러워하기도 한다.

그러나 이내 그들의 눈빛은 반짝인다. 자신의 20대를 떠올리며 그때의 이야기를 할 때면 설레는 모습을 보이기도 한다. 그리고 느낀다. 시간이 빛처럼 빠르게 지나 엄마가 되고 아이가 자라면서 스스로 인지하지 못한 시간 동안 참 많은 것이 달라져 있다는 것을. 겨우 자기소개를 하는 것뿐인 이 시간에도 엄마들은 잊고 있었던 자신을 천천히 만나게 된다. 마음을 활짝 열고 편안하게 워크지를 채워보자.

자기 소개하기

1 내 이름은?

2 내가 가장 좋아하는 음식은?

3 내가 가장 잘하는 것은?

4 내가 생각하는 나는 어떤 사람인가?

활동 ❸ 감각 체험하기

　어른 아이 할 것 없이 마음이 아프면 감각을 섬세하게 느끼지 못한다. 바람을 섬세하게 느끼지 못하고, 계절의 변화 또한 민감하게 느끼지 못한다. 아이들의 경우 선생님의 소리를 차단하기도 하고, 친구들의 괴롭힘에 감각 반응을 차단하기도 한다.

　이런 아이들의 모습을 보면 가슴이 시리다. 아픔에서 벗어나려고 최선을 다해 감각으로부터 둔해지려고 하는 것 같기 때문이다. 그들은 소리, 통증, 손길이 닿는 느낌, 고통스러운 장면의 목격 등 오감 자극을 통해 느껴지는 감정적 고통을 피하기 위해 감각을 차단한다. 그래야 하루를 사는 것이 더 수월하다는 것을 직감적으로 알기 때문이다. 그렇게 감각을 차단하는 데 익숙해진 아이들은 어른이 되어서도 감각에 무딘 채로 살아가게 된다.

　그러나 자신의 현재를 느끼기 위해 그리고 감정을 알아가기 위해 감각을 찾아가는 것은 아주 중요하다. 감각은 사람에게 알아차림을 선물하기도 하고, 현재의 자신을 바라보고 느낄 수 있는 중요한 힌트를 제공하기도 한다. 또한 감각은 가끔 과거로 돌아가 풀리지 않던 매듭을 풀고 다시 엮어볼 수 있는 시간을 선물하기도 한다. 감각은 자신을 '지금 여기' 존재하게 한다.

보통 이 활동 시간에는 엄마들과 함께 잠시 눈을 감고 바람과 공기를 느껴보는 시간을 가진다. 숨을 쉬면서 공기가 살갗에 닿고 코를 통해 호흡기를 통해 몸속으로 흘러 들어가는 과정을 느껴본다. 그리고 자신의 신체 상태는 어떤지도 느껴본다. 4번 활동으로 넘어가기 전, 오감을 통해 들어오는 모든 것들을 있는 그대로 느껴보는 것이다.

간단한 오감 체험
*소요시간 10분

준비물 : 손에 닿는 모든 것(어떤 것이든 상관없다.)

1 눈을 감고 어떤 향기가 나는지 느껴본다.
2 눈을 감고 손가락 끝에 닿은 촉감을 느껴본다.
3 눈을 감고 어떤 소리가 들리는지 느껴본다.
4 눈을 뜨고 눈앞에 보이는 것들을 천천히 바라본다.

활동 ❹ 감각 일기 쓰기

감각 일기는 오감을 더 섬세하게 느끼게 되는 훈련법이다. 매일 감각 일기를 쓰다 보면 감각이 살아나는 것을 느끼게 된다. 서연이 엄마가 쓴 예시를 보면서 경험한 감각을 그대로 써본다. 가령 딸기를 먹을 때, 영화를 볼 때, 동물원에서 동물들을 만났을 때, 드라마의 한 장면을 볼 때 혹은 청소년 때부터 좋아하던 가요가 라디오에서 나왔을 때 감각 일기를 쓸 수 있다. 커피숍에서 커피를 마시다가 쓸 수도 있고, 아침 식사를 하다가, 사과를 먹다가 혹은 창문을 열었을 때, 길을 걷다가 등등 모든 상황에서 감각 일기를 쓸 수 있다.

중요한 것은 잠시 숨을 천천히 들이쉬고 내쉬며 자신의 오감에 머물러보는 것이다. 건포도를 관찰하고 느낌을 적은 서연이 엄마처럼 적어도 좋고, 영화 감상이나 음악 감상처럼 오감 모두를 느낄 수 없는 경우에는 느끼지 못한 감각을 공백으로 남겨도 된다. 오감의 느낌을 깊이 적어보는 작업을 하다 보면 과거의 시간과 연결되거나 사람과 연결되거나 관찰 대상의 특성과 연결되는 것을 발견하게 된다. 감각 일기를 통해 친구와 함께하던 시절의 공기가 느껴지는 경험을 할 수도 있다. 오감은 자극이 되고 자극은 감정적 기억을 소환한다.

✏️ 예시 | 서연 엄마의 감각 일기

감각 일기	2021년 1월 11일 화요일
관찰 대상	건포도
시각	크기는 콩알만 하다. 주름이 많고, 건조하게 느껴진다. 색은 적갈색과 보라색이 섞여 있다.
후각	달콤한 향이 난다. 딸기 같은 달콤한 향은 아니다.
청각	소리 자극이 없어 손으로 눌러보았다. 찍 하는 소리가 난다.
촉각	거친 느낌이 들 줄 알았는데 생각보다 거칠게 느껴지지 않는다. 손으로 살짝 눌렀을 때 물컹거린다. 더 세게 눌러보니 찍 하고 눌러지며 더 말랑한 부분이 손에 닿는다. 젤리 같은 느낌이다.
미각	단맛이 많이 느껴지지는 않는다. 입에 잠시 물고 있으니 침이 고인다. 깨물었을 때 단맛이 느껴진다.
떠오르는 생각이나 느낌	'건포도가 달 거야' 했던 나의 견해와 달리 그리 달지 않다. 깨물어야 살짝 달콤함이 느껴진다. 정답인 것처럼 이야기되는 견해에는 나의 견해와 다른 것들이 있다. 씹어봐야 안다.

감각 일기를 통해 알게 된 것	씹어보기 전까지 잠시 입 안에 물고 있었다. 만일 이 시간이 없었다면 바로 씹고 '건포도는 달다!'고 했을 것이다. 사탕이 입에 넣자마자 단맛이 느껴지는 것과 달리 건포도는 씹기 전에는 달지 않았다. 정답처럼 느껴지는 가치관에 대해 잠시 생각해보았다.

나와 엄마들은 일주일 동안 매일매일 과제로 이 작업을 했다. 그러던 어느 날 한 엄마가 심각한 얼굴로 질문을 했다.

"선생님, 어제는 딸기를 씹는데 그 소리가 무언가가 썩어 문드러지는 것처럼 징그럽게 들렸어요. 더 이상 딸기를 먹을 수가 없었죠. 제가 뭔가 좀 이상한 거 아닐까요?"

과제를 얼마나 성실히 하려고 했는지 이해는 충분히 되었다. 하지만 아주 담백하게 말했다.

"그 소리가 이상하게 느껴지셨다는 거죠? 징그럽고 소름이 끼치고 뭔가가 무너지는 것처럼 느껴지기도 하셨다는 거네요. 거기까지 느끼시면 돼요. 더 이상 '내가 무슨 문제가 있는 것은 아닌가?', '내가 의식하지 못했던 기억이 있나?' 등으로 깊이 가지 않으셔도 됩니다."

그제야 그 엄마는 안도했다. 때로는 생각이 생각을 물고 와 고민이 되고 고통이 되고 걱정이 되기도 한다. 그러나 이 과정에서는 전혀 그럴 필요가 없다. 정말 그 순간 느끼는 그 감각에만 충실하면 된다.

감각 일기를 쓸 때 기억해야 할 점이 있다. 분석과 판단이 아닌 감각에 더 집중해야 한다는 것, 생각이 아닌 감각을 관찰하는 것이라는 점이다. 감각 일기를 쓰는 것은 내부 수용 감각(몸 안에서 일어나는 자극이나 변화를 감지하는 능력)을 발달시키며 오감을 더 섬세하고 자세히 느끼게 돕는다. '아하! 내가 느끼지 못했던 촉감이네', '아, 내가 건포도를 안다고 생각했는데 이런 맛, 이런 모양, 이런 촉감인지는 오늘 처음 알았어' 등으로 말이다.

감각 일기를 적는 작업을 하다 보면 세상을 더 풍요롭게 보는 자신을 발견하게 될 것이다. 통찰력이 커져 가는 자신과 만나게 될 것이다. 감각은 자신을 발견하고 알아차리는 길을 제공한다.

또한 감각은 감정도 풍부하게 채워준다. 오감을 통해 기억된 것들과 오감을 통해 느낀 것들은 뇌에 저장된다. 어찌 보면 감각을 깨우는 것은 아이에게 다가가고 자신에게 다가가는 기본 아이템을 장착하는 것이다. 없어서는 안 되는 필수 아이템을.

EBS의 〈감각의 제국〉에 이런 이야기가 나온다. '감각은 뇌를 만들고, 뇌는 다시 우리로 하여금 감각하게 만든다. 뇌는 우리가 무엇을 보고 듣고 느끼며 어떻게 살아왔는지, 그 흔적을 담아낸다. 뇌는 오감의 흔적이라 할 수 있다.' 감각 일기는 오감의 흔적들을 여행하게 한다.

이제 예시를 보며 워크지를 채워보자. 그리고 이 작업을 1일 차 과정이 진행되는 동안 매일 해본다.

✏️ **직접 해보기**

감각 일기	년　월　일　요일
관찰 대상	
시각	
후각	
청각	
촉각	
미각	
떠오르는 생각이나 느낌	
감각 일기를 통해 알게 된 것	

감각은 자신을 발견하고 알아차리는 길을 제공한다.
또한 감정도 풍부하게 채워준다.
보면 감각을 깨우는 것은 아이에게 다가가고
자신에게 다가가는 기본 아이템을 장착하는 것이다.

진짜 엄마가 되기 위한 준비, 8일간의 감정 공부

2일 차
상황 속에 숨은 감정을 파악한다

What (무엇을 해야 할까?)	감정을 알아차린다. 오늘 느낀 강렬했던 감정을 기록한다.
Why (왜 해야 할까?)	상황에 따른 자신의 기분을 관찰하고 파악함으로써 자신의 감정 패턴을 알아챌 수 있다.
How to (어떻게 할까?)	나에게 가장 강하게 느껴진 오늘의 감정을 기록하며, 그때의 기분을 파악해본다.

활동 ❶ 들어가기

"선생님! 이 공간에 오는 게 왜 이렇게 좋을까요? 오늘은 오면서 새소리도 들리고 바람도 느껴지더라고요."

한 엄마의 목소리가 마치 새소리처럼 맑게 느껴졌다. 자신의 감각을 깨우며 일주일을 살고 온 엄마들의 모습에 감사했다. 겨우 한 주가 지났을 뿐인데 엄마들은 지난주 워크지를 작성하며 많은 생각을 했다고 말했다. 일상에서 잠깐 멈춰 오감에 집중해본 것일 뿐인데, 그냥 스쳐 지나갔던 많은 것을 느꼈다고 말이다. 이제는 설렘으로 하루를 시작한다는 말도 덧붙였다.

"어제 저는 아이스크림으로 감각 일기를 써봤어요."

"곶감도 재미있게 느껴졌어요."

"밥맛도 다르게 느껴지더라고요."

어쩌면 우리에게 가장 필요했던 건 시간을 잠시 멈추는 그 시간이었는지 모르겠다. 24시간 동안 가족을 위해 모든 시간을 보내며 하루가 어떻게 지나가는지 모르던 엄마들이 이제 커피를 마실 때 잠시 분주함을 멈추고 커피 향에 주의를 기울였다. 식사를 할 때도 잠시 멈추어 밥알 하나하나의 느낌과 맛에 집중했다.

감정 공부 2일 차. 우리는 조금 더 구체적으로 감정에 다가가볼 것이다. 그러기 위해 가장 먼저 해야 할 활동은 현재의 기분을 정리하고 지난주에 했던 활동을 되새겨보는 것이다.

현재 기분 정리하기

1 지금 기분은 어떤가?

2 현재 나에게 느껴지는 신체 에너지 정도는?
　(0부터 10까지 숫자를 적어본다. 매우 좋다면 10, 보통 정도라면 5, 좀 지쳐 있다면 작은 숫자를 적는다.)

3 일주일간 과제로 감각 일기를 쓰면서 어떤 생각이나 느낌이 들었는가?

활동 ❷ 스트레스 파악하기

자신을 좀 더 잘 알아차리는 데 가장 좋은 방법은 구체적으로 감정에 다가가보는 것이다. 감정을 관찰하다 보면 자신이 어떤 상황에서 스트레스를 받았는지, 어떤 상황에서 즐거웠는지 알게 된다. 상황을 떠올리고 그때의 감정을 감정 단어(감정을 표현하는 단어)로 명확하게 표현해보는 것만으로도 자신의 감정을 알 수 있다. '아, 이거였구나. 기분이 좀 안 좋았는데 허무함 때문이었구나' 등을 알게 되고, 기분이 좋았을 때를 생각해보면서 '아, 이런 부분이 날 기분 좋게 해주는구나'를 알아차리게 되는 것이다.

"울면 안 돼, 울면 안 돼. 산타할아버지는 우는 아이들에겐 선물을 안 주신대요."

어릴 적 신나게 따라 부르던 캐롤은 우는 건 나쁜 행동이라고 말하는 듯했고, 산타할아버지가 착한 아이들에게 주는 선물을 받기 위해서는 울음을 꾹 참으며 1년을 보내야만 할 것 같았다. 슬픔, 우울함, 답답함, 짜증, 화 등을 표현하는 게 마치 잘못된 것처럼 말이다.

그러나 감정은 자신이 그 감정을 느끼길 원해서 생겨나는 게 아니다. 나도 모르게 화가 나고, 나도 모르게 눈물이 날 만큼 슬픈 것이다. 감정에 대해 좋고 나쁘고를 논할 수 없다. 물이 수증기가 되고, 하늘로 올라가 구름이 되고, 구름이 무거워지면 다시 비가 되어 땅으로 내리는 것처럼 자연스럽게 만들어지는 것이다. 어떤 날은 자괴감이 들 수도 있고, 어떤 날은 자신감을 지닐 수도 있다. 어떤 날은 희망적이게 느껴질 수도 있고, 어떤 날은 상실감을 경험하게 될 수도 있다. 이처럼 감정은 자신의 의도와 상관없이 자연스럽게 찾아든다.

감정은 참는다고 사라지지 않는다. 잊으려 해도, 중요하게 생각하지 않으려 해도 이해받지 못한 감정들은 찌꺼기를 남긴다. 그래서 우리는 가끔 꾹꾹 참다가 갑자기 터뜨려버리는 일을 경험하곤 한다. 참다 참다 더 큰 화로 분출되었을 때는 상황이 걷잡을 수 없이 커져버린다. 다시 말해 자기조절 능력을 잃기도 한다. '나 지금 화가 났어!'라는 것을 누군가와 조곤조곤 나눌 수 있고 이해받을 수 있었다면 좋았겠지만, 참을 대로 참다가 터져버린 감정은 '왜 저렇게 행동하는 거야?' 하는 소릴 들을 정도로 격하게 표출될 때가 많다.

감정을 알아가는 작업이 필요하다. 지금 기분이 어떤지, 무엇 때문에 화가 났는지, 어떤 게 자신을 가장 화나게 했는지 등을 파악해갈 필요가 있다. 이를 위해 감정 노트는 매우 효과적인 도구가 되어준다. 워크지의 문항들을 하나하나 적을 때 자신의 감정을 최대한 솔직하게 들여다보며 적어보자.

스트레스 파악하기

어제 나에게 가장 스트레스가 되었던 상황은 무엇인가?

1 그때의 기분을 감정 단어로 표현해보자.
(예 : 슬픔, 외로움, 압도당하는 느낌, 실망감, 절망감, 화남, 짜증, 답답함, 무기력함, 허무함, 원망스러움, 수치심, 죄책감, 불안함, 자괴감 등)

2 어떤 상황이 특히 그런 기분을 느끼게 했을까?

3 그럴 때 나는 어떻게 했는가?

활동 ❸ 감정 노트 작성하기

이제부터 본격적으로 감정 노트를 작성해볼 것이다. 감정 노트를 적으며 흔히 하는 실수가 상황만 쭉 나열하는 것이다. 감정 노트에서 가장 중요한 것은 그 상황에서 느껴진 감정을 체크하는 것이다. 감정이 아닌 상황 위주의 노트가 되지 않도록 주의한다.

다음은 부부 사이에 있었던 일들을 상황 위주로 적은 글이다. 이렇게 적으면 자신의 기분을 알아차릴 수가 없다. 자신을 기분 나쁘게 했던 상황들이 나열됨으로써 감정이 정리되는 것이 아니라 오히려 고조된다.

✏️ 예시 1 | 상황 중심으로 적은 감정 노트

감정 노트　　　　　　　　　　　　　　2021년 1월 18일 화요일

어제저녁, 남편에게 양말을 빨래통에 넣어달라고 했는데, 오늘도 퇴근 후 침대 옆에 그대로 벗어 놓은 것을 보았다. 벌써 이번 달에만 20번은 말한 것 같다. 빨래통에 넣어 달라니까 왜 안 넣었는지를 묻자 대답도 하지 않았다. 더 큰 목소리로 통에 넣으라고 말했더니 그제야 알았다며 오히려 큰 소리를 친다. 잘한 것도 없는데 오히려 큰 소리를 치는 남편의 모습이 어이가 없게 느껴졌다.

지친 몸으로 청소기를 돌렸는데 침대 아래서 남편의 양말이 빨려 나왔다. '진짜, 왜 그것 하나 빨래통에 넣지 못할까? 어렵지도 않은 일인데'라는 생각이 들면서 어린애같이 하나 하나 챙겨줘야 하는 남편을 생각하는 것만으로도 짜증이 났다.

　감정 없이 상황이 나열될 땐 감정 노트는 효과가 발휘되지 않는다. 상황보다는 그 순간에 자신이 어떤 기분을 느꼈는지 적는 게 중요하다. 기분을 적지 않고 상황만 반복해 이야기하다 보면 원망만 늘어난다. 그 상황에서 자신이 어떻게 행동했는지, 어떤 이야기나 상황이 제일 섭섭했는지, 어느 부분에서 가장 화가 났는지, 화가 나서 무엇을 했는지, 그러고 났더니 기분이 어때졌는지, 그때 상대에게 어떤 말을 했는지, 말하고 나니 기분이 어땠는지 등을 적을 때 감정 노트가 제 역할을 할 수 있게 된다. 다음 예시를 보면서 자신의 감정 노트를 적어보자.

✏️ 예시 2 | 감정에 초점을 둔 감정 노트(상황 + 기분)

감정 노트　　　　　　　　　　　　　　　2021년 1월 18일 화요일

어제저녁, 남편에게 양말을 빨래통에 넣어달라고 부탁했다. 부탁하면서도 마음이 답답했다. 말해도 변하지 않는 모습, 노력하지 않는 모습에 날 사랑하지 않는 것처럼 느껴졌다. 오늘도 퇴근 후 침대 옆에 양말을 그대로 벗어 놓은 것을 보았다. 짜증이 났다. 벌써 이번 달에만 20번은 말한 것 같다. 반복해서 말해도 개선되지 않을 때 무시 받는 느낌이 들었다.

빨래통에 넣어 달라는데 넣지 못하는 이유를 묻자 대답도 하지 않았다. 또 무시 받는 기분이 들었다. 더 큰 목소리로 양말을 빨래통에 넣으라고 말했더니 그제야 알았다며 오히려 큰 소리를 친다. 눈물이 왈칵 쏟아질 것 같았다. 무엇인지 알 수 없었지만 서럽게 느껴지고 뭔가 잘못되어 가고 있는 것 같이 느껴졌다. 내가 반복해서 이야기해도 내 말을 들어주지 않아서 외로움도 느껴지고 슬프기도 했다. '나는 집에서 무엇을 하는 사람이지? 청소하는 사람인가?'라는 생각이 들었다.

결혼하기 전 남편은 지금과 달랐다. 그때의 남편이 그리워졌다. 물론 나도 결혼하기 전의 모습과 많이 달라졌다. 잘 웃고 농담을 잘해서 남편으로부터 '당신과 함께 있으면 즐거워'란 소리를 들었는데. 분위기를 유쾌하게 만들던 나의 모습도 그리워졌다.

청소기를 돌렸는데 침대 아래서 남편의 양말이 빨려 나왔다. "양말 제대로 벗어 놓아라." 엄마의 목소리가 들려 왔다. 엄마도 내 방 청소를 하다가 양말을 침대 밑에서 발견하면 짜증을 내곤 했다. 내가 엄마의 모습과 너무 닮아 있었다. 눈물이 흘렀다. 슬퍼서라기보다 미안해서였다. 그리고 지나간 시간들이 안타까워서였다.

'양말에 너무 집착하고 있었어. 그건 이 사람이 할 일이야. 난 양말을 넣었네, 안 넣었네 하며 속상해지고 싶지 않아.' 부탁을 한 후엔 기다려봐야겠다는 생각이 들었다. 살림하며 여유 없이 보내고 있는 나의 모습을 보니 안타까운 마음도 들었다. 그리고 그 모습이 엄마를 닮아 있었다니. 엄마는 아빠나 내가 양말을 빨래통에 넣지 않을 때 늘 분노했다. 나다운 것은 무엇일까. 나를 찾아가자 생각하니 양말을 잘 벗고 안 벗고는 내 인생에서 크게 중요한 부분이 아니었다. 그런데 그 양말로 3년간 힘들어하고 있다니…. 난 유쾌했던 나, 여유 있던 나를 찾고 싶어졌다. 나답게!

　　감정 노트는 감정이 격해지는 상황을 파악하게 돕고, 자신이 어떤 부분에서 어떻게 감정 반응을 하는지 알아차리게 한다. 감정을 알아차리는 것은 알게 모르게 소진되던 에너지 유출을 줄여준다. 무엇 때문인지 이유를 알고 나면 자신이 이해되고 상황이 이해된다.

　　예시 글을 작성한 엄마는 통찰이 빨라 감정 노트를 적으며 자신이 원하는 것을 자세히 보고 느꼈다. 이렇게 구체적으로 작성하지 않고 그저 감정과 기분만 적어도 효과는 있다. 의도하지 않았으나 느껴지는 감정 뒤에 과거의 경험이 숨어 있는 경우도 있다. 같은 감정 패턴이 계속 반복되는 경우 무엇 때문에, 언제, 왜 같은 감정을 느끼고 흥분하는지 찾아볼 수도 있다.

　　양말을 빨래통에 넣는 것을 일일이 말하며 그게 지켜지지 않을 때 흥분하던 아내는 자기 엄마의 분노에 대한 기억이 떠올랐다. 엄마가 아빠의 양말 벗는 습관을 못 참아 힘들어하던 기억이다. 그러면서 자신이 엄마의 모습을 그대로 보이고 있다는 사실을 알게 되었다. 엄마에겐 중요할 수 있는 문제였으나 자신에게는 양말을 넣고 말고 하는 일이 중요하지 않다는 결론을 내렸고, 아내는 감정 노트를 작성한 후 이 부분에 대한 잔소리를 더 이상 하지 않기로 했다. 그런데 어떤 일이 일어났을까? 놀랍게도 그 후 남편은 양말을 빨래통에 더 잘 넣게 되었다.

감정 노트는 자신의 감정을 숨김없이 기록해가는 것만으로도 의미가 있다. 그 상황에서 느낀 감정을 진솔하게 적어보고 이해해주는 것만으로도 감정이 정리되는 것을 경험할 수 있다. 감정 노트는 자신의 감정을 잘 들어주는 비밀정원이 되어줄 것이고, 지혜를 주는 보물창고가 되어줄 것이다.

또한 감정 노트는 감정을 기록하고 탐색하는 작업을 돕는다. 자신의 감정 패턴을 관찰하며 반복되는 상황에 대한 감정들을 알아차릴 수 있게 하고, 자신이 주의를 기울이며 의식하도록 돕는다. 같은 상황에서 자동으로 반응하던 패턴을 버리고, 본연의 힘, 주의력, 의지를 발휘해 자신이 원하는 방향으로 선택할 수 있도록 돕는다. 스스로 알아차리고 선택하기 시작했을 때 삶의 변화가 시작된다. 일주일 동안 매일 감정 노트를 기록해보자.

✎ 직접 해보기

감정 노트	년　월　일　요일

오늘 하루 중 나에게 감정적으로 자극이 되거나 스트레스가 되거나 특별한 감정이 일어났던 상황을 적는다.

상황(어떤 상황이었는지) + 감정(그때 어떤 기분이 느껴졌는지)
+ 상황(그래서 어떻게 했는지) + 감정(그렇게 했을 때 어떤 기분이 들었는지)

진짜 엄마가 되기 위한 준비, 8일간의 감정 공부

3일차
삶의 변화를 가져오는 스트레스 관리

What (무엇을 해야 할까?)	스트레스 상황이 악화되는 것을 막아주는 응급 처치와 관리법을 안다.
Why (왜 해야 할까?)	호흡을 통해 자율신경계와 호르몬을 조절해 감정적으로 격해지는 상황을 조절할 수 있다. 이는 알아차림을 통한 스트레스 관리다.
How to (어떻게 할까?)	나의 스트레스 지수를 알아본다. 스트레스를 표현한다. 심장 집중 호흡을 배운다. 주의를 옮기는 연습을 한다.

활동 ❶ 스트레스 알아보기

"잘 지내셨나요?"

"네, 선생님! 보고 싶었어요."

누군가가 선뜻 소리쳤다. 잠시 까르르 하는 웃음소리가 강의실에 번졌다. 마치 10대 소녀들처럼. 웃음과 함께 먼저 감각과 감정을 체크한 우리는 지난주에 어떻게 지냈는지 이야기를 나눴고, 작성한 감정 노트를 가지고 한 주간의 알아차림과 기분, 느낌에 대해 얘기를 나눴다.

"내가 이렇게 많은 감정들을 느끼고 있었는지 적기 전에는 몰랐어요." "그냥 늘 화가 나 있는 줄 알았는데 감정이 다양하게 느껴졌어요." "적다 보니 그렇게 화가 날 상황은 아니었는데 좀 민감했구나 싶은 부분도 있는 것 같았어요." "감정을 적어가는 게 쉽지는 않았지만 그래도 상황만 적지 않도록 노력했어요."

엄마들의 열기가 느껴졌다. 이야기를 나누는 동안 엄마들은 생기를 잃지 않았다. 민수 엄마를 제외하고. 민수는 ADHD 판정을 받아 치료를 받는 중이었다. 민수 엄마의 처진 어깨가 자꾸 나를 잡아당기는 듯했다. 감정 공부 3일 차, 우리가 오늘 스트레스 관리 방법을 다룬다는 것이 다행처럼 느껴졌다.

"일주일 지내는 동안 참 많은 일이 있으셨을 거예요. 오늘은 내 스트레스 상태를 알고 그 스트레스를 관리하는 방법을 나눠볼게요."

스트레스를 이야기할 때는 나비 효과 이론이 떠오른다. 천연의 빛을 자랑하는 나비가 살포시 꽃잎 위에 앉았다. 그 모습을 신기해하며 보던 아이가 "엄마!" 하고 소리치자 나비는 화려한 날개로 보드라운 바람을 일으키며 날아간다.

서울의 한 공원에서 시작된 나비의 작은 날갯짓은 바람이 조금씩 더해져 비바람이 된다. 비바람은 장소를 옮겨가며 점점 더 거세지고 저 멀리 미국으로 건너가 토네이도가 된다. 몇 년 전, 친구가 동생이 미국에서 보냈다며 한 장의 사진을 보여주었다. 텍사스 주에 살고 있는 친구 동생이 지붕이 날아간 집에서 비를 맞으며 라면을 먹는 모습이 담겨 있었다.

무서운 태풍도 작은 나비의 날갯짓에서 시작되는 경우가 있다. 처음엔 날갯짓일 뿐이지만 시간이 지나고 공간을 이동하면서 건물을 날리는 막강한 힘을 갖게 되는 것이다. 미세한 에너지에 불과했던 처음 모습과 달리 두려움을 안기기에 충분한 거대한 에너지가 되는 것이다.

이런 나비 효과는 기상 현상에서는 물론 경제 현상에서도 볼 수 있다. 그리고 우리가 살고 있는 사회 곳곳에서도 발견된다. 심지어 개개인의 삶에도 나타난다.

스트레스가 바로 그렇다. 개개인의 삶에서 작은 스트레스를 인지하지 못하거나 알아도 방법을 몰라 그냥 지나치면, 스트레스는 태풍처럼 점점 더 거대해진다. 그리고 그 거대함은 한 번에 건물을 날려버리는 토네이도처럼 자칫하면 인생을 강타하기도 한다. 초기에 스트레스를 알아차리고 관리하는 것은 매우 중요하다.

일반적으로 스트레스가 심하면 두통이 있다든지, 가슴이 답답하다든지, 잠이 잘 오지 않는다든지, 심장이 빨리 뛴다든지, 짜증이 쉽게 난다든지, 몸이 무겁다든지, 아무것도 할 의욕이 나지 않는다든지 하는 신체적 특징이 있다. 어디를 가나 소파 하나를 끌고 다니는 듯 몸이 무겁게 느껴졌을 것이다. 가끔은 자신을 주체할 힘을 잃은 채 화가 나 어찌할 줄 몰랐을 것이고, 무기력함 속에 만사가 귀찮았을 때도 있었을 것이다. 그러면서도 버티려고 애를 쓰고 책임감 있게 하루를 살고 있었을 것이다. 이제 일주일 사이 자신을 가장 힘들게 하고 스트레스를 가장 많이 받게 한 게 무엇이었는지 알아볼 것이다.

활동 ❷ 스트레스 구체적으로 바라보기

우리는 3일 차 감정 공부의 두 번째 활동인 스트레스 표현을 하며 일주일 사이에 자신을 가장 힘들게 하고 스트레스를 가장 많이 받게 했던 것이 무엇인지 이야기를 나눠보기로 했다. 엄마들은 약 5분 동안 무엇인가를 적기도 했고, 자신의 일주일을 돌아보며 생각에 잠기기도 했다. 남편과 작은 다툼이 있었다는 예지 엄마가 가장 먼저 이야기를 꺼냈다.

"남편이 늦게 들어오는데 전화를 받지 않으면 열 받죠. 어젯밤에 제가 그랬어요. 생각을 떠올리면서 또 화가 나네요. 제 스트레스는 뾰족뾰족하게 생겼어요. 머리를 콕콕 찌르는 것 같고 심장 쪽도 찌르는 것 같아요. 크기는 수박 정도 크기고, 색깔은 우울함이 느껴져서 갈색으로 칠했어요."

예지 엄마의 뒤를 이어 민수 엄마가 용기를 내어 입을 열었다.

"뭔가 답답한 것이 제 온몸을 감싸고 있는 것 같아요. 쇳덩어리 같은 게 얇게 둘러 있는 것 같고 저를 움직이지 못하게 가두고 있는 것 같고, 색은 짙은 회색이고, 20킬로그램 정도 되는 것 같아요. 기분은 답답해요."

한 사람 한 사람 진솔하게 자신의 스트레스와 마주하며 구체적으로 묘사했다. 한 번도 자세하게 묘사해본 적이 없는데, 이렇게 하고 나니 자신이 받는 스트레스가 어떤 건지 한눈에 보여서 좋다는 이야기도 했다.

스트레스를 받을 때 신체 상태가 어떻게 느껴지는지, 어떤 느낌인지, 어떤 질감인지, 어떤 색인지 등을 구체적으로 그리다 보면 스트레스를 좀 더 구체적으로 파악하고 살펴보게 된다. 그것만으로도 윤곽 없이 자신을 괴롭히던 감정적 불편함을 좀 더 명확하게 파악할 수 있다. 명확해진 스트레스는 수증기처럼 모호하게 부피를 차지하지 않고 작은 컵에 담긴 물처럼 파악이 쉬워진다. 스트레스를 파악할 수 있을 때 관리는 더욱 쉬워진다.

✏️ **예시 | 스트레스가 극심했던 민수 엄마의 표현**

스트레스 표현하기

1. 내가 불편하다고 느끼는 신체 증상이나 감정 상태를 색과 모양으로 표현해 본다.

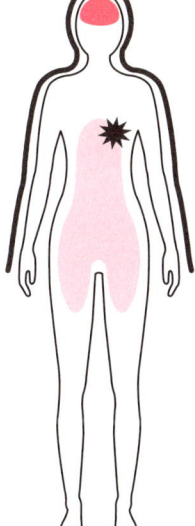

머리 — 열이 나는 것 같다.
심장 — 답답해서 까맣게 탄 것 같다.
온몸 — 쇳덩어리가 감싸고 있는 듯 묵직하다.

2. 스트레스를 받는 부분이 어디인지, 어떤 모양으로 느껴지는지 그려본다.
   심장 — 삐죽삐죽 가시가 달린 모양

3. 표시한 스트레스의 무게는 어느 정도로 느껴지는가?
   20kg

✏️ 직접 해보기

스트레스 표현하기

1. 내가 불편하다고 느끼는 신체 증상이나 감정 상태를 색과 모양으로 표현해 본다.

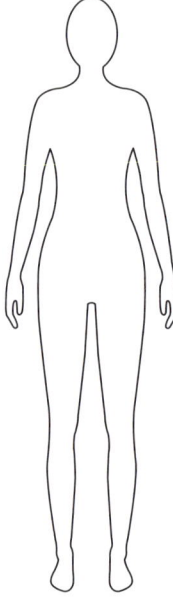

2. 스트레스를 받는 부분이 어디인지, 어떤 모양으로 느껴지는지 그려본다.

3. 표시한 스트레스의 무게는 어느 정도로 느껴지는가?

활동 ❸ 심장 집중 호흡 배우기

인간은 에너지 체계로 되어 있다. 따라서 에너지가 고갈되지 않도록 관리하는 일은 무엇보다 중요하다. 스트레스는 에너지를 소진하는 가장 큰 원인이다. 스트레스 관리를 잘한다는 것은 삶을 잘 관리하는 것과도 같다. 하지만 스트레스를 관리한다는 것이 어디 말처럼 쉬운가. 사람들과 만나 수다를 떨고 술을 마시고 잠을 자는 등으로 스트레스를 풀려고 해보지만, 잠시 잊을 뿐 스트레스가 사라지지는 않는다.

스트레스 관리법은 분명 있다. 이를 알고 에너지를 채우는 방법을 터득하고 나면 스트레스 관리가 생각보다 어렵지 않다는 걸 알게 된다.

나는 엄마들과 함께 스트레스 관리 프로그램인 엠웨이브를 이용해 스트레스 상황과 심장 자기장을 체크해보기로 했다.

"혹시 먼저 체험해보실 분이 계신가요?"

내 말에 말없이 앉아 있던 민수 엄마가 먼저 해보겠다며 손을 들었다. 민수 엄마는 그냥 눈으로 보기에도 지쳐 있었다.

지속적인 스트레스는 스트레스 호르몬인 코르티솔을 분비시키고, 이는 피를 통해 온몸으로 퍼진다. 코르티솔은 노화를 가져오고 면역력을 떨어뜨리는 등 건강에 치명적인 영향을 미친다. 또 스트레스를 받으면 우리 몸의 교감신경이 활발해지며 각성 상태가 된다. 식욕이 사라지고 숨을 빨리 쉬게 되며 맥박이 빨라진다. 당연히 잠을 자기도 힘들다.

용기를 낸 민수 엄마가 내 옆으로 다가와 앉았다. 민수 엄마의 귀에 컴퓨터 프로그램을 연결할 장치를 꽂았다.

"편안하게 호흡하시면 돼요."

민수 엄마가 호흡하기 시작하자 스트레스를 나타내는 빨간색 바가 100까지 올라갔다. 내 안내를 따라 민수 엄마는 계속해서 숨을 들이쉬고 내쉬었다. 열댓 번 천천히 숨을 들이쉬고 내쉬자 꿈쩍 않던 빨간색 바의 길이가 조금씩 줄어들어 중립 상태의 파란색 바로 옮겨갔다. 최종적으로는 최적의 상태인 초록색 바로 옮겨졌다. 주변 엄마들은 호흡만으로도 스트레스가 사라지는 것을 보며 신기해했다.

폭발 직전의 감정 응급처치법

일상 속에서 스트레스로 다가오는 일들은 무수히 많다. 하지만 스트레스임을 알아차리고 대처하기는 쉽지 않다. 스트레스가 쌓이면 어느 순간 욱하고 폭발하게 된다. 그 전에 알아차리는 것이 필요하다.

스트레스를 받는다고 느낄 때 2~3분 정도 숨을 크고 깊게 들이쉬고 내쉰다. 이 2~3분의 깊은 호흡으로 우리 몸엔 DHEA라는 활력 호르몬이 2~3시간 흐르게 된다. 잠시 멈추어 2~3분간 심장 호흡을 하는 것,

자신을 위해 그리고 사랑하는 사람들을 위해 해야 할 일이다.

스트레스 상황을 알아차리고 호흡을 하는 것만으로도 관계가 최악으로 가는 상황을 일단 막을 수 있다. 화가 나는 순간, 속상한 순간 먼저 호흡을 하는 것만으로도 순간적으로 욱하고 올라오는 분노를 멈출 수 있다.

스트레스를 받는다고 느낄 때 가장 먼저 해야 할 것은 잠시 멈춰서 심장 호흡을 하며 자신을 느껴보는 것이다. 이는 위급 상황에 상처가 더 심해지거나 악화되지 않도록 하는, 무엇보다 먼저 해야 할 응급처치다.

감정의 응급처치법 : 심장집중호흡법

*소요시간 5분

1. 두 발을 땅에 잘 붙이고 땅의 느낌을 느껴본다.
2. 눈을 감거나 코끝을 바라보며 숨을 편안하게 쉰다.
3. 5초 정도 크게 들이쉬고, 5초 정도 크게 내쉰다.
4. 2~3분 정도 심장에 집중하며 숨을 쉰다.

활동 ❹ 주의 옮기는 연습하기

스트레스 관리를 위해 알아차려야 하는 것이 또 있다. '내가 지금 무엇에 주의를 보내고 있는가'이다. 여기서 '주의'란 '집중을 요하는 일에 정신을 한데 모으는 것'을 말한다.

"남편이 술을 많이 마시는 편이에요. 덜 마시겠다고 약속했지만, 전 여전히 남편이 술을 계속 많이 마실까 봐 걱정하고 있어요."

"내년에 아이가 학교에 가야 하는데 어디로 보내야 할지 걱정이에요."

"아이가 매일 컴퓨터 게임만 해서 걱정이에요."

이들은 모두 남편의 음주, 아이의 학교 문제, 아이의 일상생활 등에 주의를 기울이고 있다. 그런데 만약 자신이 어디에 어떻게 주의를 모으고 있는지 스스로 관찰할 수 있다면 어떨까? 그리고 자신이 주의를 보내고 싶은 곳으로 옮길 수 있다면? 이것이 가능하다는 사실을 체험하기 위해 엄마들에게 이렇게 주문했다.

"앞에 무엇이 보이시나요? 잠깐 보시겠어요?"

엄마들은 침묵 속에서 테이블 위에 놓여 있는 간식거리와 책, 화분 등 여러 가지 물체들을 보았다.

"그 물체를 조금 더 집중해서 관찰해보세요."

(30초 정도 지난 뒤)

"어떤가요?"

"음, 더 또렷하게 보이는 것 같고, 음, 아까는 보지 못했던 것을 보게 된 것 같아요. 가령 곶감에 있는 하얀 가루가 더 명확하게 보이고 꼭지들의 건조함이 더 정확하게 보였어요."

"앞에 있는 물체에 집중하니 글씨가 더 또렷하게 보이고 더 커 보이는 것 같았어요."

"잘하셨어요. 이번에는 다른 곳으로 시선을 옮겨서 식물을 한번 관찰해보시겠어요?"

"형태가 더 또렷하게 보이는 것 같고, 주위에 있는 것보다 더 선명하게 보이는 것 같아요."

"네, 경험을 나눠주셔서 감사해요. 이번에는 눈을 감고 아까 그 화분에 주의를 보냈던 것처럼 내 몸에 주의를 보내보세요. 그런 다음 내 마음에 주의를 보내볼게요."

(30초 정도 지난 뒤)

"이제 다시 눈을 감은 채로 앞에 있는 물건에 주의를 보내볼까요?"

"생각처럼 되지 않네요. 주의를 옮기는 일이 쉽지 않았어요."

"어머 신기해요. 색다른 경험이었어요."

어떤 이는 주의 옮기기가 쉽지 않다고 했고, 어떤 이는 집중을 잘할 수 있었다고 했다.

보통 스트레스를 많이 느끼는 경우 주의가 스트레스 상황에 집중되어 있다. 그러다 보니 스트레스 상황이 더 명확하게 보이고 더 크게 보인다. 다른 것에 주의를 둘 수가 없고 결국 스트레스에 압도된다.

그런데 스트레스가 되는 일이나 상황들이 아직 일어나지 않은 일인 경우가 많다는 걸 아는가. 미래에 일어날 일들에 대한 걱정과 불안, 두려움 등으로 오늘의 에너지를 소진하는 것이다. 그리고 그 걱정들로 은근히 지쳐가고 있었던 것이다.

아들이 게임만 한다고 말하던 한 엄마는 그 것이 제일 큰 걱정이었다. 수년간 게임에 대한 얘기를 반복했지만 아들은 변하지 않았다. 얻게 되는 건 계속해서 시간 관리를 못 하는 아이의 잘못된 생활 습관과 아이의 미래에 대한 걱정, 엄마로서 교육을 잘못 하고 있다고 느끼는 자괴감뿐이었다. 이처럼 자신이 주의를 모으고 있는 것이 스트레스에 관한 것이라면 그 부분이 더 크고 더 명확하고 더 중요하게 보인다.

스트레스를 효율적으로 관리하기 위해서는 자신의 주의가 어느 쪽으로 쏠려 있는지 파악할 필요가 있다. 그리고 상황에 따라 주의를 옮길 수 있는 힘이 필요하다. 하루라는 공간 안에 수많은 기체들이 채워져 있다고 상상해볼 때 자신이 주의를 기울이는 기체는 성큼 자기 앞으로 다가와 더욱 강하고 크게 작용한다. 우리가 주의를 기울이는 문제점도 객관적이기보다는 사실보다 더 크게 다가오게 된다.

하지만 자신의 무의식이 어떻게 움직이는지 인식하고, 자신의 주의가 어디로 향하고 있는지 의식할 수 있다면, 주의를 다른 곳으로 옮기며 시야를 넓힐 수 있다. 그리고 이는 연습으로 가능하다.

다음 활동은 주의를 옮기는 작업에 도움을 주는 연습들이다. 이 연습은 감정 공부 3주 차 과정에서 매우 중요한 과정 중 하나이다. 자신의 주의를 관찰하면서 원하는 곳으로 주의를 옮기는 힘을 길러보자. 1부터 12까지 순서대로 따라 하면 된다. 게임만 하는 아들이 대학이나 갈 수 있을지 모르겠다고 걱정하던 엄마는 아들이 오늘 게임 대신 엄마와 소통하고 있다는 것, 밥을 잘 먹고 있다는 것 등 현재의 긍정적인 모습에 주의를 보낼 수 있었다.

주의 옮기기 연습

*항목마다 약 20초씩 한다.

1 내 아이의 얼굴을 떠올리며 그 모습에 집중해본다.
2 잠시 걷는 보폭에 집중해본다.
3 내가 원하는 방향을 의식하면서 걸어본다.
4 내가 원하는 동작을 하며 걸어본다.
5 걸으면서 내 신체 감각을 느껴본다.
6 걸으면서 내 앞에 보이는 것들에 집중해본다.
7 걸으면서 내 귀에 들리는 소리에 집중해본다.
8 눈은 앞을 향하되 주변에서 들려오는 소리에 집중해본다.

9 걸으면서 내 발바닥의 느낌에 집중해본다.
10 내가 가고자 하는 방향으로 걸으며 숨을 깊게 들이쉬고 내쉰다.
   이때 심장에 집중해본다.
11 내가 한 번도 가보지 않은 방향으로 몸을 옮기면서 내 심장박동을 느껴본다.
12 숨을 크게 들이쉬고 크게 내쉬며 나에게 집중해본다.

스트레스를 받는다고 느낄 때 가장 먼저 해야 할 것은
잠시 멈춰서 심장 호흡을 하며 자신을 느껴보는 것이다.
이는 위급 상황에 상처가 더 악화되지 않도록 하는,
무엇보다 먼저 해야 할 응급처치다.

진짜 엄마가 되기 위한 준비, 8일간의 감정 공부

4일차
관계를 좋아지게 하는 사랑의 언어

※ 다음 내용은 최성애 박사가 국내에 소개한 가트맨 부부 치료의 대화법을 토대로 작성하였습니다.

What (무엇을 해야 할까?)	3가지 대화의 방식을 알아차린다. 4가지 독과 해독제를 알고 해독제를 사용해 대화한다.
Why (왜 해야 할까?)	대화를 통해 스트레스를 줄이고, 대화를 통해 관계를 개선한다.
How to (어떻게 할까?)	4가지 대화의 방식을 익힌다. 4가지 독에 대한 해독제를 사용한다.

활동 ❶ 대화 방식 바꾸기

감각을 알아차리는 것, 감정을 알아차리는 것, 스트레스를 관리하는 것은 혼자서 알아차리거나 조율하거나 조절하면 된다. 3일 차까지의 공부는 자신이 노력하면 성장한다. 4일 차 감정 공부는 타인과의 조율이 필요하다. 어찌 보면 좀 더 어려운 과정이 될 수 있다. 하지만 확실한 건 이 과정을 자신의 것으로 만들고 외국어를 배우듯 입으로 계속 반복해 말하다 보면, 어느새 대화가 많아지고 서로를 이해하는 폭이 커져 있다는 것을 느끼게 될 것이다.

"아니, 어떻게 아들하고 대화가 그리 잘되는 거야? 부럽다. 너무 부러워. 우리는 10초야!"

현지 엄마와 한참 이야기를 나누던 민성이 엄마의 목소리가 수업을 준비하고 있던 나에게까지 전해졌다.

"저녁 먹을래? 네. 오늘은 외식할까? 아니요. 이렇게 대화가 싹둑싹둑 잘린다고!"

민성이 엄마의 말처럼 아들과 대화를 이어간다는 건 쉽지 않다. 사춘기 즈음부터는 아이들 대부분이 말수가 더 줄어들기도 한다. 만약 아이가 엄마와 재잘재잘 이야기를 잘 나누고 있다면 지금이 더 많은 이야기를 나눠볼 수 있는 적기라고 볼 수 있다. 그런데 우린 이런 적기를 흘려보내는 경우가 있다. 방법을 잘 알지 못해서 오히려 대화를 단절하는 기술을 써버리고 만다. 대화하는 방식에도 공부가 필요하다.

가트맨 박사는 말 걸기에 반응하는 방식을 3가지 대화로 분류했다. 말 걸기에 반응하는 다음의 대화를 보면서 멀어지는 대화, 원수 되는 대화, 다가가는 대화는 어떤 것인지 알아보자.

가트맨 박사의 3가지 대화 방식

1 **멀어지는 대화** : 상대의 말과 관련 없는 다른 이야기로 단절되는 대화

   예 : "엄마, 오늘 저녁 뭐 먹어요?"
   "친구 현우 만났었다며. 현우는 잘 지내니?"

2 **원수 되는 대화** : 반박, 비난, 공격 등 즉각적으로 스트레스가 올라가는 대화

   예 : "엄마, 오늘 저녁 뭐 먹어요?"
   "벌써부터 저녁 타령이야? 그러니 살 빠질 리가 있니?"

3 **다가가는 대화** : 상대의 이야기에 경청하고 반응하며 오고 가는 대화

   예 : "엄마, 오늘 저녁 뭐 먹어요?"
   "저녁으로 뭐가 먹고 싶은데? 엄만 카레 만들까 했는데?"

멀어지는 대화

"엄마, 오늘 저녁 뭐 먹어요?"

"친구 현우 만났었다며. 현우는 잘 지내니?"

이렇게 상대가 한 말과 관련 없는 엉뚱한 이야기를 하는 대화가 전형적인 멀어지는 대화 방식이다. 이런 대화 방식이 계속되면 상대는 무시당하는 느낌을 받기도 하고 소통이 되지 않는 느낌을 받기도 한다. 멀어지는 대화가 지속될 때 말 그대로 관계가 멀어진다.

원수 되는 대화

"엄마, 오늘 저녁 뭐 먹어요?"

"벌써부터 저녁 타령이야? 그러니 살 빠질 리가 있니?"

이런 대화 방식은 누가 먼저랄 것도 없이 서로 기분이 나빠진다. 스트레스를 받아 흥분이 되기에 심장박동이 빨라진다. 상대를 비판, 비난, 공격하거나 나보다 못한 사람이라는 뉘앙스를 풍기거나 무시하는 말을 하는 것 등은 모두 원수 되는 대화에 해당한다. 원수 되는 대화 방식은 관계를 병들게 하고, 대화 자체만으로도 서로에 대한 부정성이 쌓인다.

자신의 대화 방식에 원수 되는 대화가 숨어 있다면 사춘기를 맞게 된 아이와도, 남편과도, 이웃과도 대화하는 것에 즐거움을 느낄 수가 없다. 상처를 받은 마음이 가까이 가지 못하게 만들어버리는 것이다. 안타깝게도 원수 되는 대화는 삶 속에 교묘히 숨어 관계를 망친다.

아이들과 더 친밀한 관계, 정서적으로 더 연결되는 관계를 원한다면 다가가는 대화를 해야 한다. 다가가는 대화의 힘은 막강하다. 다가가는 대화는 상대의 말을 경청하고 눈을 마주 보고 앞에 있는 아이가 말하는 상황과 감정에 공감하는 것이다.

다가가는 대화

다가가는 대화에서는 상대가 한 말을 잘 들었다는 것을 알리기 위해 미러링을 하는 것이 중요하다. 미러링은 거울처럼 상대가 한 말을 그대로 듣고 반영하는 것이다. 상대가 한 말을 반복해서 화자에게 돌려준다. 이는 '내가 너의 말을 잘 듣고 있다'는 신호로 전달될 뿐만 아니라 상대가 무슨 말을 하는지 모를 때 자신의 말을 객관적으로 들어보고 정리할 수 있는 기회가 되기도 한다.

보통 엄마들이 미러링이 잘되지 않는다고 하는 경우를 보면 자신의 생각과 견해를 아이가 한 말에 더해서 이야기할 때다. 자신의 관점을 보태지 말고 상대가 말한 것을 그대로 반영하는 연습이 필요하다. 다음 예를 보자.

"엄마, 요새 공부하는 게 좀 힘들어요."

"공부하는 게 좀 힘들게 느껴지는구나. 어떤 부분이 가장 힘들게 느껴지니?"

"성적이 맘같이 오르지 않는 것 같아요."

"성적이 맘같이 오르지 않는 것 같구나."

이렇게 이야기하다가 아이의 마음이 느껴지는 부분이 있다면 그 느낌을 이야기할 수 있다.

"그래, 성적을 올리고 싶고 노력을 하는데 성적이 오르지 않으면 공부가 힘들게 느껴지겠네."

이렇게 아이가 느꼈을 기분을 함께 느껴줄 때 아이는 엄마가 자신의 말을 잘 듣고 있다는 느낌을 받게 된다. 미러링으로 다가가는 대화는 마치 요술봉을 쥐고 마법을 부리듯 서로 마음을 나눌 수 있게 한다.

상대에게 다가가는 카드, 열린 질문

조금 더 편안한 대화를 위해 열린 질문을 하는 것도 좋은 방법이다. 대화가 싹둑 잘린다고 이야기했던 민성이 엄마의 대화를 열린 대화로 바꿔볼 수 있다.

"저녁 먹을래?" → "저녁으론 어떤 걸 먹고 싶어?"('예', '아니요'가 아니라 아이의 생각을 이야기할 수 있다.)

"학교에서 잘 지내니?" → "요새 학교에서 지내는 건 어때?"(단답형으로 대답이 나오는 닫힌 질문을 열린 질문으로 바꾸면 대화가 좀 더 풍요로워진다.)

브런치 카페에 모여 끊임없이 재미나게 이야기를 나누는 엄마들을 보면 '뭐가 저렇게 재밌지?' 하는 생각이 들 것이다. 그들의 대화 방식엔 공통점이 있다. 경청하고, 공감하고, 내가 당신의 이야기를 잘 듣고 있다는 것을 느끼게 한다는 점이다.

나아가 서로 존중받는 느낌을 주고받는다. 이야기를 듣고 '그러니까 그건 이렇게 해야지'라는 섣부른 해결책을 제시하지 않는다. 그저 잘 들어줄 뿐이다. 상대와 대화를 하고 싶은 것이라면 '나는 당신 이야기를 잘 듣고 있어요', '당신이 그 상황에서 느꼈던 감정을 내가 잘 느껴보려고 해요', '당신 이야기가 참 흥미롭군요' 하는 마음을 화자가 느끼게 하는 것보다 더 좋은 건 없다.

다가가는 대화는 관계를 아름답게 연결해주는 역할을 한다. 자신의 마음을 진솔하게 이야기할 수 있으며, 상대의 감정을 진솔하게 느끼고 알아줄 수 있게 한다. 멀어지는 대화, 원수 되는 대화, 다가가는 대화를 사용할 수 있는 카드는 항상 우리 손에 쥐어져 있다. 어떤 카드를 선택하고 싶은지 잠시 멈춰 생각해보고 결정할 수만 있다면 언제든 더 좋은 방식의 대화를 할 수 있다. 언어를 처음 배울 땐 다 그렇듯이 다가가는 대화 또한 반복해서 사용할 때 내 언어 방식이 된다.

활동 ❷ 대화의 4가지 독 파악하기

가트맨 박사는 이야기한다. 관계가 힘들어지는 이유는 싸우는 내용 때문이 아니라 대화하는 방식 때문이라고. 그리고 관계가 나빠지게 만드는 4가지 독이 담긴 대화 방식이 있다고 설명한다. 4가지 독은 비난, 방어, 경멸, 담쌓기이며 이 대화 방식은 부정성을 쌓게 한다. 가트맨 박사는 이 4가지 방식으로 싸움을 하는 부부들의 경우 얼마 지나지 않아 94% 정도가 이혼하게 된다는 것을 연구를 통해 알아냈다.

이는 비단 부부 사이에만 해당하는 것이 아니다. 자녀와 부모 사이에서도 4가지 독을 사용할 때 부정성이 높아져 관계가 나빠진다. 따라서 우리가 먼저 해야 할 일은 자신이 사용하는 대화 방식이 어떤지 아는 것이다. 비난, 방어, 경멸, 담쌓기의 대화가 무엇인지 정확히 인지하고 자신의 삶 속에 사용되던 잘못된 대화 방식이 어느 부분에 숨어 있는지 찾아내어 바꿔보는 것이다.

'내가 저 사람을 아프게 하겠어!'라는 의도를 가지고 4가지 독을 사용하는 경우는 많지 않다. 의도하진 않았으나 속상함, 화남, 수치심, 억울함, 간절함, 원망 등의 감정들로 인해 자신이 상처받았다는 것을 표현하려 했던 대처였을 것이다. 또는 자신이 하고 싶은 말이 있는데 전달해도 전해지지 않는 속상함이 독을 품은 말로 표현되었을 것이다. 사이가 좋지 않은 부부들을 만나 컨설팅을 하다 보면 4가지 독을 인지한 후 사용하지 않으려고 노력하는 것만으로도 관계가 개선되는 것을 볼 수 있었다. 그 4가지 독에 대해 알아보자.

대화의 첫 번째 독, 비난

비난은 '너는 어떻게 된 애가…', '너는 도대체…', '네가 항상 그렇지 뭐. 오늘도 늦으면 어떡하니?', '네가 그걸 한다고…' 등의 부정적인 뉘앙스를 풍기는 말이다. '매번', '항상', '오늘도', '도대체' 등의 부사들을 주로 쓰며 '너는', '당신은' 등으로 시작하는 말이 해당한다. "너는 매번 전화를 안 하니?" "전화는 폼으로 가지고 다니니?" "집에서 걱정하는 사람은 생각 안 하니?" 이처럼 비난은 상대의 인격, 성격 등에 문제가 있다는 뉘앙스를 담는다.

비난이라는 독을 해독하기 위해서는 대화를 부드럽게 하고, '당신은' 혹은 '당신이'가 아니라 '나는'으로 말을 시작한다. 그리고 그 상황에서 자신이 느끼는 감정을 표현해 요청하고 싶은 것을 구체적이고 정확하게 말한다. 예를 들면 다음과 같다.

"엄마는 (나는)
아들이 연락도 없이 학원에서 돌아오지 않으면 (상황)

많이 불안해. (감정)

늦을 땐 엄마한테 연락해서 어디라고 이야기해줄 수 있겠니? (요청)"

대화의 두 번째 독, 방어

"너는 매일 지각이니?"

"난 오늘만 늦었어요."

이런 반응을 보이는 말이 방어에 해당한다. 비난을 받았을 때 자신의 탓이 아니라는 것을 주장하는 것으로, 책임을 전가하거나 자신의 잘못을 인정하기보다 책임이 없다는 것을 증명하려고 비난에 반응하는 말을 하는 것이다. 즉 상대방의 이야기를 납득할 수 없다, 수용할 수 없다, 억울하다 등을 담아 자신을 보호하려는 말들이다. '내 탓이 아니라 네 탓이잖아!'의 뉘앙스가 크다.

문제는 방어로 대처하면 대화가 되지 않고, 자신이 하고 싶은 말도 전달되지 않으며, 서로의 스트레스가 증가해 소통이 되지 않는다는 것이다. 결과적으로 비난과 방어가 반복되면서 강도가 점점 세져 싸움을 가져오고 서로의 가슴에 상처를 남기게 된다.

다음은 부부 사이에 흔히 있는 대화의 방식이다.

아내 : 당신 이번 주에 술 먹지 않기로 약속하고 또 먹고 왔어. (비난)

남편 : 어제 회사에서 중요한 미팅이 있어서 안 먹을 수 없었어. (방어)

아내 : 매일같이 술 마시지 않기로 약속해놓고 왜 안 지켜? 나하고의 약속은 중요하지 않아? (비난)

남편 : 나도 날 위해서 마신 거 아니잖아. 일이 있었다고. 그걸 이해 못 해? (방어)

이렇게 비난과 방어는 서로의 입장 차이가 있어 계속 반복될 수밖에 없다. 계속되는 비난과 방어의 대화로 점점 감정이 상하고, 결국에는 '역시 이 사람과는 대화가 안 돼'라는 결론을 내리며 서로 멀어지게 되거나 원수처럼 되고 만다. 아내는 남편에게 속상함을 전하고 싶고 원하는 바가 있어 이야기를 시작했지만, 아내의 의도와 다르게 남편은 감정이 상한다. 감정이 상한 남편은 일단 해명하고 싶은 마음이 들고 공격받은 것처럼 느껴져 방어를 했으나, 방어는 결국 자신을 위한 것도 아내를 위한 것도 아닌, 갈등이 고조되는 대화로 향하게 한다.

이때, 잠시 멈춰 자신이 사용하고 있는 대화의 방식을 알아차려야 한다. 그리고 관계를 좋게 만들기 위해 해독제를 사용해야 한다. 방어의 해독은 '조금 인정'하는 것이다. 조금 인정하면 스트레스가 고조되던 상황에서 신기할 정도로 감정이 가라앉는 것을 경험하게 된다.

아내 : 당신 이번 주에 술 먹지 않기로 약속하고 또 먹고 왔어. (비난)

남편 : 내가 이번 주에 술 안 먹기로 약속했는데 어제 술을 좀 마셨지. (방어의 해독제, 조금 인정)

아내 : 좀이 뭐야. 기억도 못 할 정도로 마시고! 난 그런 상황이 속상하다고! (비난)

남편 : 맞아. 내가 어제는 좀 과음을 한 것 같아. (인정) 당신, 약속 지키지 않는 나 보며 속상했겠네! (공감) 어제 갑작스럽게 베트남 지사로 발령받으신 분이 사직서를 내셨어. 너무 갑작스럽고 남의 일 같지 않아서 함께 마시다 보니 좀 과해졌어." (그럴 수밖에 없던 이유)

아내 : 그럼 미리 전화라도 해서 사정을 이야기하면 내가 덜 속상하고 이해도 할 수 있잖아.

남편 : 그래 내가 어제 전화를 못 해서 당신이 더 속상했구나. 술 안 마시기로 하고 술 마시는 게 나도 좀 미안하더라고…. 앞으론 당신하고의 약속 지키려고 노력할게.

아내 : 그래, 앞으론 지금보다 좀 더 잘 지켜줘. 난 당신이 내 말을 중요하게 생각하지 않는 줄 알았어. (남편의 지속적인 인정과 공감으로 감정이 좀 수그러듦)

방어의 해독제인 '조금 인정'은 대화의 여지를 제공한다. 방어하지 않고 인정했을 때 대화의 강도도 조금씩 부드러워지는 것을 볼 수 있다. 조금 인정하는 것은 상대에게 져주는 것이 아니라 자신이 하려는 말, 상대가 하려는 말을 할 수 있게 만들어준다. 비난을 받았을 때 방어가 아닌 조금 인정하는 방식으로 말을 한다면 소통이 되고 이해가 되기 시작할 것이다.

대화의 세 번째 독, 경멸

가트맨 박사는 경멸을 대화의 독 중에서 가장 강력하고 치명적인 독이라고 말한다.

"네가 뭘 할 수 있겠어?"

"이것도 못 하면서."

"옆집의 반만 따라가라, 좀."

이처럼 경멸은 상대의 존재 자체를 자신보다 낮게 여기거나 무시하는 것이다. 관계 속에서 경멸을 사용했을 때는 관계가 흉해지고 일그러지며 황산을 뿌린 것과 같은 효과가 생긴다. 심지어 경멸의 말들을 매일같이 듣고 살 경우 5년 안에 질병에 걸릴 확률이 높다고 할 만큼 치명적이다.

한 번 들은 경멸의 말을 해독하려면 5배의 긍정성을 쌓는 노력을 해야 한다. 그만큼 강력하다는 말이다. 부부 사이에서도, 자녀와의 관계에서도 또 그 어떤 관계에서도 절대 해선 안 되는 말이다.

경멸은 표정이나 몸짓으로도 드러난다. 말의 방식을 살피는 대화에서 자신의 표정이 어떤지, 말투가 어떤지 비언어적인 부분까지 살펴볼 필요가 있다. 혹은 자신의 가치관으로 다른 사람의 인생을 판단하거나 평가하는 것도 경멸이 될 수 있다. 자신의 삶과 가치관이 우월하다고 느끼기 때문에 은연중에 다른 사람의 삶과 가치관을 존중하지 못하고 '내 가치관이 우월해'라는 느낌을 주게 된다. 부부 사이에서 일어나는 경멸의 내용은 다양하겠지만, 일반적으로 아내는 남편에게 자녀 교육에 관해 자신보다 못하다고 느끼게 하는 경우가 많다. 반면 남편은 육아를 하는 아내에게 경제적으로 무능하다는 뉘앙스의 경멸을 하기도 한다.

경멸의 해독제는 진심을 담아 호감을 표현하고 존중을 표현하며 지내는 것이다. 상대에게 애정과 관심을 보이며 상대를 존중하는 마음을 갖는 것이다.

"오, 오늘 입은 옷 색깔이 잘 어울리네."

"당신이랑 함께 준비해서 저녁 빠르게 먹을 수 있었어, 고마워."

"집 안 정리 도와줘서 고마워."

이렇게 생활 속에서 관심거리를 찾아 자주 표현하고 고마운 부분을 이야기한다. 퇴근하고 들어온 남편을 문 앞에서 맞으며 수고에 대한 '호감 존중'을 포옹으로 표현할 수도 있고, 설거지한 아내의 손을 쓰다듬으며 "고생했네"라는 말로 감정을 표현할 수도 있다. 호감 존중은 작은 고마움, 작은 변화, 수고 등을 발견해주는 것이다.

행복하고 건강한 관계들 속에서는 호감 존중이 잘 쌓여 긍정성이 높게 드러난다. 관심 갖고 있다는 것을 표현하고, 고마움을 느낄 때마다 그 마음을 표현하고, 자신이 상대를 존중하고 있음을 상대가 느낄 수 있도록 표현하면 된다. 호감 존중은 많이 하면 할수록 관계의 긍정성이 높아진다. 부정적 관계를 긍정적 관계로 만들어갈 수 있는 매우 중요한 방법이기도 하다.

대화의 네 번째 독, 담쌓기

우리가 관계 속에서 사용하지 말아야 하는 4가지 독 중 마지막은 담쌓기다. 담쌓기는 말 그대로 상대와 담을 쌓는 경우를 말한다. 상대를 없는 사람 취급하거나 문을 쾅 닫고 들어가 대화를 차단하는 일 등이 해당한다. 또는 이야기를 하는데 아무 반응을 하지 않고 무시하는 것도 담쌓기에 해당한다. 일반적으로 남자가 많이 사용한다는 연구결과가 있다.

담쌓기는 스트레스가 높아지면서 갈등을 피하기 위해 거리를 두는 행위일 수 있다. 하지만 담쌓기도 관계를 나빠지게 하는 4가지 독 중 하나다. 우리의 대화에서 지양해야 하는 대화 방식이다.

담쌓기의 해독제는 자기 진정 후 다시 대화를 시도하는 것이다. 우리가 앞에서 해봤던 심장 호흡을 하는 것도 좋고, 산책을 하는 것도 좋다. 차를 한 잔 마시며 20여 분 정도의 휴식시간을 갖는 것도 좋다. 가트맨 박사는 이렇게 담쌓기의 해독제를 사용한 후 같은 주제로 다시 대화를 시도했을 때 같은 갈등 내용이지만 부부의 대화 방식이 현저하게 달라지는 것을 발견했다. 잠깐의 휴식으로 스트레스를 가라앉히고 대화를 하면 대화가 좀 더 수월해진다.

무엇보다 이 4가지를 알아야 하는 것은 자신이 어떤 대화를 하고 있는지 알아차리기 위해서다. 자신이 사용하는 말들을 꺼내보며 '아, 내가 이런 이유에서 이런 부탁을 하고 싶은 마음이 있는데 화가 나서 비난을 했구나', '나에게도 다소 억울한 면이 있어서 방어했구나', '우리의 관계를 위해 내가 먼저 조금 인정할 부분을 인정했으면 대화가 더 잘 되었겠구나', '내가 알게 모르게 멸시나 무시, 경멸을 느끼게 하는 표정으로 혹은 말들로 대화를 했구나', '내가 답답하게 느껴진다는 이유로 대화를 차단해버리고 관계를 차단해버리려고 했구나. 그게 우리의 건강에 치명적인 영향을 미치는 역할을 했구나' 등을 알아차릴 시간이 필요하다.

지금부터 자신이 사용해왔던 4가지 독을 잠시 관찰해 적어보는 시간을 가져보자. 그리고 해독제를 사용해 진짜 전하고 싶었던 말이 무엇이었는지 상대에게 들리도록 적어보자. 의식하고 노력할 때 자신의 대화 방식에 변화를 줄 수 있다.

엄마들과 4가지 독에 대해 이야기를 나누고 표를 작성해보는 시간을

> **나의 대화 방식 관찰하기**
>
> 1 어제와 오늘 내가 주로 사용한 대화 방식은 어떤 것이었나?
>
> 2 내가 대화를 하다가 속상함을 경험했다면 언제 어떤 대화를 하면서였나?
>
> 3 나에게 힘이 되었던 대화는 어떤 것이었나?

활동 ❸ 4가지 독과 해독제 적어보기

가졌다. 사실 엄마들이 하려는 대화에 상처를 주고 싶었던 의도는 하나도 없었을 것이다. 그리고 상처를 받고 싶은 마음도 없었을 것이다.

"집에 가서 해독제를 사용해보려고요. 잘 안 될 수도 있겠지만."

"이것 때문이었나 봐요. 아들이 저와 대화를 하지 않는 게…. 제가 한 경멸 때문에 저와 말하는 게 힘들었나 봐요."

각자 자신의 대화 방식을 떠올리며 문제점이 무엇이었는지 살펴보고 이야기를 나눴다. 엄마들이 무엇을 알아차렸건 알아차림은 선물이다. 모르고 반복되어왔고 계속 반복될 수 있었던 상황을 멈출 수 있는 기회를 선물 받은 것이다.

조용히 고개를 숙인 엄마들을 말없이 바라보았다. 그리고 상상했다. '내가 대화의 방식을 익힐 수 있었던 것처럼 머지않아 엄마들도 다가가는 대화의 방식으로 아이들과 대화를 나누게 되겠지!' '내가 지금 아들과의 대화가 힘들지 않은 것처럼 엄마들도 아이들과의 대화가 전혀 힘들지 않게 느껴지는 시간들이 오겠지!' '호감 존중이 가득하고 끊이지 않는 대화 주제 속에 그동안 소외되었던 마음을 서로 어루만져줄 수 있는 시간들이 올 거야!' 독 사과를 삼켰던 백설공주를 살린 왕자의 키스처럼 4가지 독의 해독제는 생명을 살리는 대화 방식이 될 것이고 관계를 살리는 대화 방식이 될 것이다.

4일 차 마지막 워크지는 4가지 독에 해당하는 대화를 적고 해독제를 적어보는 것이다. 해독제를 다시 한번 정리한 다음 워크지를 채워보자.

대화의 4가지 해독제

1 비난의 해독제 : 구체적으로 부드럽게 요청하기
2 방어의 해독제 : 부분적으로 조금만 인정하기
3 경멸의 해독제 : 호감 존중을 쌓기
4 담쌓기의 해독제 : 스스로 진정한 후에 대화하기

대화의 독과 해독제 비교하기 | 비난을 사용했을 때

독이 담긴 대화의 예	"너는 맨날 그러더라." "넌 어떻게 된 애가." "도대체 잘하는 게 뭐니?" "너 오늘도 방 청소를 안 했니?"
누구에게	
대화 내용	
이유	

해독제를 사용한 대화의 예	구체적으로 말하고 부드럽게 요청한다. "나는(나로 시작) 12시가 넘었는데 당신한테 연락을 받지 못하면(상황) 걱정돼(감정). 전화를 해주면 좋겠어(요청)."
해독제를 사용해 수정한 대화	
지금 드는 생각이나 느낌	

대화의 독과 해독제 비교하기 | 방어를 사용했을 때

독이 담긴 대화의 예	"이건 내 탓이 아니지" "왜 나만 잘못했다고 그래?" "내가 언제 매일 늦었어? 어제는 일찍 왔잖아."
누구에게	
대화 내용	
이유	

해독제를 사용한 대화의 예	나의 잘못을 부분적으로 인정한다. 전부 인정할 필요는 없다. '오늘은', '이번에는' 등으로 부분만 인정하면 된다. "오늘은 내가 좀 늦었네."
해독제를 사용해 수정한 대화	
지금 드는 생각이나 느낌	

대화의 독과 해독제 비교하기 | 경멸을 사용했을 때

독이 담긴 대화의 예	"이 새대가리야!" "네가 뭘 할 수 있겠니!" "어이, 할머니!" "주제 파악 좀 해!"
누구에게	
대화 내용	
이유	

해독제를 사용한 대화의 예	호감과 존중을 담아 이야기한다. "고마워." "내 말을 잘 새겨들어주는 당신 모습에 마음이 따뜻해지는 것 같아."
해독제를 사용해 수정한 대화	
지금 드는 생각이나 느낌	

대화의 독과 해독제 비교하기 | 담쌓기를 사용했을 때

독이 담긴 대화의 예	눈을 피하기 상대의 말에 대답하지 않기 "아휴, 지겨워…" 하며 듣지 않기 집 나가기 문 쾅 닫고 들어가기
누구에게	
대화 내용	
이유	

해독제를 사용한 대화의 예	다툼을 잠시 멈추고 심호흡을 하거나 산책을 하거나 차를 마시거나 20분 정도의 시간을 가져 마음을 진정시킨 후 다시 대화한다.
해독제를 사용해 수정한 대화	
지금 드는 생각이나 느낌	

진짜 엄마가 되기 위한 준비, 8일간의 감정 공부

5일차
관점이 유연해질 때 보이는 장점

What (무엇을 해야 할까?)	관점을 달리해 새로운 이미지를 찾아본다.
Why (왜 해야 할까?)	다양하고 유연한 관점으로 다가감으로써 상대를 새롭게 바라볼 수 있다. 감사를 선택해 더 풍성하고 행복한 삶을 살 수 있다.
How to (어떻게 할까?)	단점 필터 vs 장점 필터 내 장점을 발견한다. 감사 습관을 만든다.

활동 ❶ 관점 필터링하기

얼마 전, 초등학교와 중학교에서 인성 수업을 진행했다. 이 수업을 할 때 관점에 대한 이야기를 전하기 위해 꼭 하는 작업이 있다. 바로 산타할아버지를 만나는 것이다. 나는 아이들에게 산타할아버지의 사진을 보여주었다. 그리고 학생들과 함께 산타할아버지가 좋은 이유를 찾아보기로 했다.

산타할아버지의 장점

선물이 많다.

썰매를 타고 어디든 갈 수 있다.

늙지 않는다.

턱수염이 매력 있다.

루돌프 사슴이 있다.

인기가 많다.

많은 사람이 기다린다.

풍채가 좋다.

멋스럽다.

탈모가 없다.

아이들은 교실이 쩌렁쩌렁 울릴 정도로 이야기를 나누며 끊임없이 좋은 점을 찾아주었다. 그런 다음 우리는 산타할아버지의 단점을 찾아보기로 했다.

산타할아버지의 단점

똥배가 나왔다.
머리가 다 하얗게 셌다.
바람을 맞으며 다녀야 한다.
단벌신사다.
남이 쉴 때 일한다.
곱슬머리다.
크리스마스 때 가족들과 쉴 수 없다.
굴뚝으로 다녀야 한다.

이 수업은 같은 대상이라도 자신이 어떤 관점으로 보려고 하는지에 따라 이미지가 달라진다는 것을 알아차릴 수 있는 수업이다. 단점 필터와 장점 필터를 사용해본 경험에 대해 이야기를 해보기로 했다.

"이 활동을 통해 느끼거나 깨달은 것이 무엇인가요?"

"장점을 찾을 땐 산타할아버지가 부럽고 너무 좋아 보였고요. 단점을 찾으니 진짜 좀 불쌍한 것처럼 느껴졌어요."

이렇듯 어떤 필터를 끼고 보느냐에 따라 같은 사람 같은 모습도 다르게 보인다. 그렇기 때문에 상대방과 잘 지내기 위해 자신에게 장착된 필터가 무엇인지를 알아차리는 게 중요하다.

단점이 장점으로 바뀌는
관점의 전환

감정 공부 5일 차에는 엄마들과도 관점 필터 작업을 하게 된다. 대상을 놓고 거기에 대해 단점과 장점을 한참 이야기하던 엄마들에게 이 활동이 어떤 경험이 되었는지를 물었다.

"선생님 신기해요. 나쁘다 생각하니 나쁜 것이 보이고, 좋다 생각하니 좋은 것이 보이네요."

"좋다고만 생각했던 것도 나쁜 것이 있고, 나쁘다고만 생각했던 것도 좋은 부분이 있네요."

엄마들이 잘 따라오고 있다고 느낄 때쯤 한 가지를 더 제안했다.

"그럼 이제 우리 필터를 한번 바꿔볼까요? 내가 아이를 바라보며 단점이라고 생각했던 부분에 장점의 필터를 사용해보는 거예요."

우리는 아이에 대해 단점이라고 생각했던 부분을 필터를 바꿔 장점으로 바라보는 작업을 했다. 그러자 "너무 까불어요"라고 말했던 엄마는

"명랑해요"로, "자신감이 없어요"라고 말했던 엄마는 "신중해요"로, "공부하는 걸 싫어해요"라고 말했던 엄마는 "그림 그리는 것을 좋아해요"라고 말했다. 필터를 바꾼 것이다. 관점의 전환은 자신의 의식만으로도 충분히 가능하다.

"생각해보지 못했어요. 그냥 느리다고 생각했고 느린 것이 단점이라고만 생각했는데, 장점이라는 틀로 바꿔 생각하니 느린 게 아니라 정말 신중한 아이로 느껴지는 것 같아요."

"투정이 많다고 적었는데 장점으로 바라보니 자기가 원하는 것이 무엇인지 요구할 줄 아는 아이로 느껴졌어요."

이렇게 알아차려가는 것, 이것을 우리는 감정 공부라고 부른다. 이 작업을 마친 엄마들은 자신이 어떤 필터를 장착하고 상대를 볼 것인지 선택할 힘을 갖게 된다. 우리도 한번 적어보자. 평상시 느낀 아이의 단점을 적은 후 장점 필터를 통해 그것을 바꿔 적어보는 것이다.

관점 필터 바꿔보기

1 평상시에 느끼는 아이의 단점을 적어본다.

2 장점 필터를 장착한 후 아이의 단점을 장점으로 바꿔 적어본다.

활동 ❷ 내 장점 발견하기

5일 차에는 엄마들과 장점 나누기를 한다. 보통 엄마들에게 자신의 장점 50개를 찾아보라고 하면 20개도 적기 힘들다며 고개를 내젓는다. 이럴 땐 질문을 하나 던진다.

"그럼 우리 게임 하나 해볼까요? 이 방에 동그라미가 몇 개가 있을까요?"

"어디 어디에 동그라미가 있는지 한번 찾아보세요. 지금부터 30초 동안요."

그러자 엄마들은 부지런히 강의실을 둘러보며 혼잣말로 '어머 어머, 저것도 동그라미였네? 어머 어머, 생각보다 훨씬 많네' 했다. 30초 동안 120개 이상 발견한 엄마도 있었다.

"어디에서 동그라미를 발견하셨어요?"

"저기 보세요. 천장의 나사가 다 동그랗잖아요. 조명의 끝도 동그랗고, 버튼들도 동그랗고, 민지 엄마 얼굴도 동그랗고, 눈동자도 동그랗고…."

재치 있는 답변에 함께 찾던 엄마들은 손뼉을 치며 웃었다.

동그라미는 주의를 기울여 관심을 가질 때 더 잘 보였다. 장점을 찾는 것도 동그라미를 찾는 것과 같다. 동그라미를 찾기 위해 사방을 둘러

보며 관찰했던 것처럼 장점을 찾는 것도 자신을 찬찬히 살피며 발견해주면 된다. 없던 것을 꺼내는 것이 아니다. 있었는데 인정하지 않았고 미처 발견하지 못했고 기억하지 못했던 장점을 찾는 것이다.

그러기 위해 먼저 다음 워크지를 작성해보자. 나 자신을 조금 더 구체적으로 만나 관찰하고 살필 때 자신의 장점이 더 잘 보일 것이다.

적다 보면 다소 쑥스러움이 밀려올 수도 있다. 하지만 자신의 장점을 스스로 봐주는 것은 매우 중요하다. 자신의 장점을 가리며 겸손해질 필요는 없다. 씩씩하게 적어보자. 그리고 발견된 장점들을 바탕으로 자신이 생각하는 장점을 더해 50개를 완성해보자.

내 장점 살펴보기

시기	예 : 초등학교	초등학교
자랑스러웠던 기억	여자아이들 아이스케이크 하던 남자아이를 혼쭐내주었다.	
긍정적 특징	잘 놀았다.	
특히 잘하던 것	노래, 율동, 놀기	
관심 있던 분야	인형 만들기	
친구들이 친해지려 한 이유	정의감, 재미있음, 따뜻함, 똑똑함	
마음에 드는 모습	말랐다.	
나의 장점	솔직함, 명랑함, 따뜻함, 노력함, 대인관계가 좋음, 창의적임, 씩씩함	

중학교	고등학교

내 장점 살펴보기

시기	20대	30대
자랑스러웠던 기억		
긍정적 특징		
특히 잘하던 것		
관심 있던 분야		
친구들이 친해지려 한 이유		
마음에 드는 모습		
나의 장점		

40대	50대

나의 장점

내가 생각하는 나의 장점 50개를 적어본다.

우리는 많은 장점을 잊고 내가 아닌 엄마로 살기도 하고, 내가 아닌 아내로 살기도 하며, 내가 아닌 며느리로 혹은 딸로 살기도 한다. 하지만 가장 건강한 모습은 자신을 인정하며 자신의 모습으로 엄마의 역할, 아내의 역할, 며느리의 역할, 딸의 역할을 하는 것이다. 동그라미를 발견했듯이 잠시 잊고 살았던, 혹은 잠시 관심을 두지 못했던 자신의 장점들을 발견했다면 인정하는 시간을 가져보자. 지금 자신이 발견한 장점을 지닌 사람, 그 사람은 그 누구도 아닌 바로 '나'다.

활동 ❸ 감사거리 찾기

타임지 선정 '20세기 영향력 있는 인물', 포브스 선정 '세계에서 가장 영향력 있는 인물'에 25년간 최고의 자리를 지켜온 오프라 윈프리는 책 〈위즈덤〉을 통해 감사의 중요성에 대해 피력했다.

"어느 것에라도 감사할 수 있습니다. 불어오는 바람에 감사하고, 타인의 시선에도 감사할 수 있습니다. 무엇이든 감사할 수 있습니다. 감사하는 순간 우리 자신에게서 벗어납니다. 집착을 멈추게 됩니다. 나는 항상 사람들에게 괴로움의 대부분은 기대에서 비롯된다고 말합니다. 안 그런가요? 기대를 감사로 바꿔보세요. 그 순간에 삶 전체가 변화합니다. 그 순간 고통은 끝납니다."

그녀는 늘 감사하는 습관이 자신의 삶을 바꿨다고 말한다.

한 작가의 경험에서도 감사의 놀라운 힘을 알 수 있다. 미시간 대학과 로스쿨을 졸업하고 법조계에 30년간 종사하던 사람이 있었다. 변호사로 일했지만 그의 삶은 비참했다. 하던 일이 망해 잔고는 제로였고, 가족과도 사이가 멀어져 결국엔 혼자 남겨졌다. 외롭고 우울한 시간을 보내던 중 그는 산행에 올랐다. 터벅터벅 산길을 걷다 문득 할아버지가 들려주었던 말이 떠올랐다. '네가 가지고 있는 것들에 감사하는 법을 배울 때 네가 원하는 것을 얻게 될 것이다.'

그는 삶의 끝이라고 생각되었던 길목에서 한 가지 결심을 한다. 하루에 한 통 감사편지를 쓰기로 한 것이다. 그날부터 그는 사랑하는 사람뿐 아니라 직장동료, 가게 점원, 대학 친구, 심지어 적대적 관계에 있던 사람들에게도 감사의 마음이 담긴 손편지를 보냈다.

놀라운 것은 365통의 손편지를 쓰는 1년 동안 그의 삶이 변하기 시작했다는 것이다. 사업이 번창하기 시작했고, 아들과의 관계가 좋아졌으며, 친구들과도 연락을 주고받는 사이가 되었다. 그는 그 놀라운 경험을 〈365 Thank you〉라는 책으로 엮었다. 절망의 끝에서 감사를 선택하며 삶을 바꾼 그의 이름은 존 크랠릭이다.

현대 과학과 의학에서 심장과 신체 두뇌에 대한 연구는 계속 진행되고 있으며, 그 결과로 감사의 힘에 신뢰를 더해가고 있다. 심장과학 연구의 중심인 미국 하트매스 연구소에서는 심장에 대해 본격적으로 연구하기 시작하면서 심장에도 심뇌세포가 있다는 것을 알아냈다. 진심으로 감사를 느낄 때 심장 자기장이 달라졌다. 화, 불안, 짜증이 나는 감정에서는 심장 자기장의 그래프들이 뾰족뾰족하고 불규칙적인 반면, 감사를 느낄 때는 부드럽고 규칙적인 곡선을 그렸다. 삶의 활력을 주는 긍정 호르몬도 분비되었다. 감사를 느낄 때 스트레스 지수가 낮아지고 긍정 호르몬이 분비되어 모든 일에서 최상의 상태인 코히어런스(coherence) 상태가 된다는 것을 알 수 있다.

감정은 단순히 나쁜 것과 좋은 것으로 구분할 수 없다. 두려움도, 수치심도, 분노도, 감사도 모두 자연의 섭리처럼 찾아오는 자연스러운 감정일 뿐이다. 그러나 신체의 호르몬 분비 면에서 보면 긍정적 호르몬이 나오는 감정과 부정적 호르몬이 나오는 감정으로 나눌 수 있다. 감사는 긍정적 호르몬이 흐르게 하는 감정이다. 따라서 어렵고 힘들 때나 스트레스를 받았을 때 우리는 오히려 감사를 선택해야 한다.

사랑과 연민, 배려와 감사의 정서가 긍정적인 효과를 만들어낸다는 것은 심장에 관한 여러 연구에서 증명되었다. 존 크랠릭은 감사로 내면의 변화를 경험했다. 감사는 신체를 가장 빠르고 가장 강력하게 최상의 상태로 만들 수 있는 감정이다. 불안하고 짜증나고 화나는 상황에서 숨을 쉬는 것만으로도 중화 효과는 있다. 하지만 이때 마음 깊은 곳에서 우러나는 감사를 느끼게 되면 긍정 호르몬이 매우 빠르게 분비되며 스트레스가 확연히 줄어들고 최적의 상태로 향하게 된다는 사실이 연구를 통해 알려졌다.

평상시에 감사를 찾는 일은 그리 어렵지 않다. 하지만 우울하거나 지칠 때 감사를 찾을 수 있는 사람은 많지 않다. 존 크랠릭의 삶이 바뀐 이유는 가장 어려운 상황 속에서 감사를 실천했기 때문일 것이다. 그리고 한 번으로 끝난 것이 아니라 진정성을 담아 365일 감사를 했고, 감사를 습관으로 만들어냈기 때문일 것이다. 지금 자신의 기분은 어떤가? 지치고 힘들고 괴로운가? 자녀 교육 때문에 힘들고, 제대로 양육하지 못하는 것 같아 힘든가? 그렇다면 가장 먼저 해야 할 것은 바로 감사다.

"나는 내 남편을 사랑하는데 어떻게 해야 할지 모르겠어요. 우리 아이를 사랑하는데 아이가 자꾸 문제 아이로 자라는 것 같아요. 난 어떻게 해야 하나요?"

이 질문에 대한 대답으로 가장 먼저 대상에 대한 긍정성을 높이는 작업을 해볼 것을 제안한다. 남편에게 감사한 것들이 무엇인지 찾아보고, 아이에게 고마운 게 어떤 것들이 있는지 찾아보는 것이다. 자신이 감사한 것이 무엇일까에 집중하면, 남편과 아이 옆에 있을 때 나쁜 것보다 감사할 거리를 더 발견하게 된다. 신이 준 가장 귀한 선물은 사랑이고, 사랑을 전달하는 지름길은 감사라는 말이 있다. 사랑을 실천하는 데 감사는 정말 좋은 준비물이 된다.

때에 따라 우리는 관계가 좋지 않아 불편한 경험을 하기도 한다. 그럴 때도 그 사람을 생각하며 감사한 점을 찾아보자. 신기한 것은 그 사람은 전과 같이 행동하지만, 자신의 마음에 감사를 장착한 후에는 더 이상 상대의 일거수일투족이 거슬리거나 상처가 되지 않는다는 것이다.

자, 이제 자신에게 감사한 것을 찾아보자. '오늘도 날 믿어주는 너에게 감사해.' '이 책을 펼쳐 읽고 있는 힘이 있음에 감사해.' '지금까지 잘 지내온 것에 감사해.' '바람을 느낄 수 있어서 감사해.' '좋은 향이 느껴지는 커피를 마시는 지금 순간에 감사해.' '숨을 크게 들이쉬고 내쉴 수 있어서 감사해.'

지금 힘든 인생 코스를 지나고 있는 과정이라면 아주 조심스럽게 부탁하고 싶다.

"좀 힘들겠지만 감사를 생각해줄래요? 많이 고통스럽겠지만, 잘 안 되겠지만 한번 해볼까요?"

삶의 기적을 만드는
감사 습관 만들기

감정 공부의 5일 차 마지막 단계는 감사를 습관화하는 방법을 익히는 것이다. 다음 3가지를 꾸준히 실천한다면 존 크랠릭이 그랬듯 삶이 완전히 변화되어가는 경험을 할 수 있다. 삶에서 당연시 여겨지는 부분들을 감사하는 마음으로 관찰하다 보면 그 속에 다이아몬드처럼 감사가 묻혀 있다는 것을 알게 될 것이다. 감사를 많이 느낄수록 우리의 삶이, 나의 삶이 다이아몬드처럼 빛나는 것을 느끼게 될 것이다.

감사 습관 만들기

1 2~3분 심장 호흡으로 시작해 하루 5개의 감사를 찾아 적어본다.
2 아침에 평상시 감사한 사람들을 떠올리며 문자를 보낸다(5명).
3 절대로 감사할 수 없다고 생각하는 상황 속에서 감사할 것을 한 가지 찾아본다 (일이 잘되지 않을 때 감사하는 것은 큰 의미가 있다).

✏️ **1일 5개 감사하기**

년 월 일 요일

예 : 알람 소리를 듣지 못했는데 맞춰둔 시간보다 10분만 늦게 일어난 상황에 감사합니다. 스케줄에 차질이 없는 하루를 시작할 수 있어서 감사합니다.

✏️ 5명에게 감사 문자 보내기

년   월   일   요일

예 : 언니, 큰언니라고 다 동생들을 두루 살필 수 있는 것은 아닐 텐데, 바쁜데도 불구하고 가족들을 위해 온 힘을 다해 도와주는 마음 고마워. 마음에 잘 새길게. 언니가 내 언니라는 게 좋아. 나도 더 나은 동생이 되도록 노력해갈게. 오늘도 좋은 하루~!

✎ **절대로 감사할 수 없는 상황에서 감사하기**

년 　 월 　 일 　 요일

예 : 코로나 때문에 모든 강의가 취소된 상황

모든 사람이 힘들어 할 수 있는 시간에 그들을 생각하며 글을 쓸 수 있어 감사해요.

상황 :

진짜 엄마가 되기 위한 준비, 8일간의 감정 공부

6일 차
기억의 정원에서 나를 만난다

What (무엇을 해야 할까?)	미해결된 감정들을 관찰한다.
Why (왜 해야 할까?)	감정적 에너지 손실을 사라지게 한다.
How to (어떻게 할까?)	기억의 정원 나무 1 : 기억 기록하기 기억의 정원 나무 2 : 나누고 공감하기

활동 ❶ 기억의 정원 나무 1 : 기억 기록하기

　5주차 활동이 끝날 때 이 과제를 하고, 과제를 나누면서 6주차 활동이 시작된다. 이 활동은 자신의 삶에 대한 기억을 그래프로 그려보는 것이다. 그래프를 한번 살펴보자.

나의 나이별 기억 강도

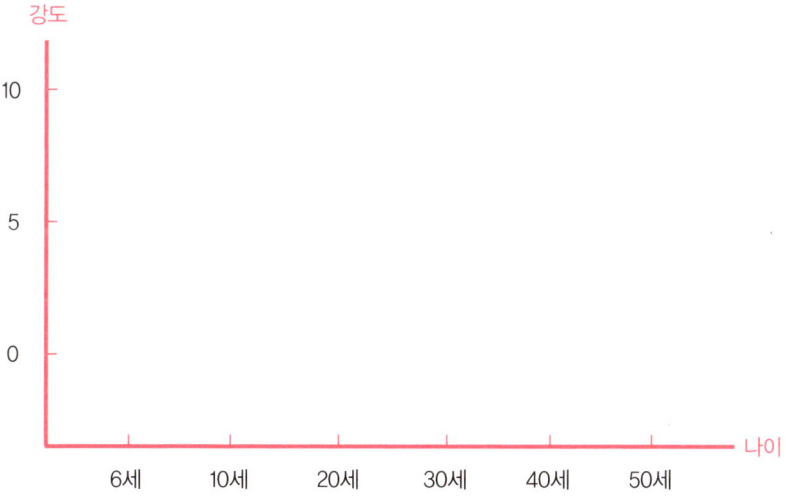

　가로선은 나이, 세로선은 기억의 강도를 나타낸다. 나이대별로 느껴지는 수치대로 막대그래프를 그려본다. 만일 6세 때의 기억이고 강도가 중간보다 좀 더 강해 6 정도 되는 것 같다면 6세에 해당하는 가로 위치에서 세로 선의 6 위치까지 막대그래프를 그린다. 이 작업을 끝내고 나면 삶의 어느 시기에 어느 강도의 기억이 있었는지 한눈에 볼 수 있다.

그래프를 완성했다면 다음에는 내용을 적어본다. 기억들을 자세히 적어보는 것이다. 언제, 어디서, 무슨 일이 있었나? 유치원 때부터 10세, 20세, 30세, 40세, 50세, 60세, 70세로 나눠 더 구체적인 기억들을 적어볼 수 있다.

✏️ 예시 | 6세 때의 기억

나이	6세
등장인물	울고 있는 나
그때의 기분	두려움, 원망스러움, 불안함
그런 기분이 든 이유	매일 같이 있던 동생이 보이지 않고 엄마가 없어서.
그 상황에서 내가 원하던 것	혼자 있고 싶지 않다.
기억 속의 나에게 해주고 싶은 위로의 말	아무도 없어서 깜짝 놀랐지? 엄마랑 동생은 잠시 외출한 거야. 곧 돌아와.
붙이고 싶은 제목	첫 번째 대성통곡
그 사건이 현재의 나에게 미치는 영향	처음 겪는 상황이라 아주 큰 두려움으로 기억에 남았다.
지금 드는 생각이나 느낌	혼자서 얼마나 놀랐을까. 아이들의 울음에는 이유가 있다. 들어봐야 안다.

✏️ **직접 해보기**

나이	
등장인물	
그때의 기분	
그런 기분이 든 이유	
그 상황에서 내가 원하던 것	
기억 속의 나에게 해주고 싶은 위로의 말	
붙이고 싶은 제목	
그 사건이 현재의 나에게 미치는 영향	
지금 드는 생각이나 느낌	

몇 살 때의 기억인지, 어떤 상황인지, 누가 등장했는지 그때의 기분이 어땠는지, 그런 기분이 드는 이유가 무엇인 것 같은지를 잘 적어나가면, 감정 정리 작업이 훨씬 효과적으로 이루어진다. 감정 정리가 풍부했던 한 엄마는 이 과제를 하면서 A4 30장을 꽉 채워오기도 했다. 감정은 다가가려고 노력하는 만큼 보인다. 관찰하려고 노력한 만큼 관찰된다. 감정을 보게 되었을 때, 감정을 알게 되었을 때, 감정으로부터 자유로움을 얻었을 때의 해방감은 생각보다 훨씬 크고 값지다.

활동 ❷ 기억의 정원 나무 2 : 나누고 공감하기

일주일 만에 다시 엄마들을 만났다. 함께 나누려고 가지고 온 조그마한 반찬통들이 테이블 위에 쌓인 건 여전했다. 달라진 건 지극히 주관적인 견해에 의해 느껴지는 에너지 차이와 엄마들의 목소리 톤이었다. 무엇 때문인지 알 수 없지만 지난주와 다른 차분함이 있었다. 그 이유는 이야기를 나누다 알게 되었다.

"잘 지내고 오셨어요?"

"네, 한 주가 한 달같이 길게 느껴졌어요."

"길게 느껴지셨어요? 저도 길게 느껴지고 오늘이 특별히 더 기다려지고 그랬어요."

우리는 언제나처럼 현재의 자신에게 집중했다. 심호흡을 하고 지금 기분은 어떤지, 느껴지는 감각은 어떤 것이 있는지, 오늘 해야 할 아주 중요한 작업에 대한 이야기를 시작했다.

"과제는 어떠셨나요? 다들 해오셨나요?

엄마들은 조심스럽게 과제를 펼쳤다. 이 과제를 나누는 과정은 매우 중요하다. 어린 시절의 기억 속으로 동행하는 작업이고, 어떠한 판단과 비평도 없이 기억 속의 그 아이를 만나 이해하는 작업이다. 안전함과 안정감이 있어야 하고, 또 다른 상처가 되지 않아야 한다. 우리가 만날 때마다 읽던 규칙을 하나의 목소리로 다시 한번 읽었다.

"이 공간은 안전한 자리가 되어야 한다."

"이곳에서 나눈 이야기는 타인에게 전하지 않는다."

"이야기를 들으며 판단하지 않는다."

"이야기를 들으며 비판하지 않는다."

"모든 순간이 경청이다."

"모든 순간이 공감이다."

그동안의 만남으로 라포(rapport, 상담이나 교육을 전제로 신뢰와 친근감으로 이루어진 인간관계)가 형성되어 있고 구성원들 모두가 안전함을 느끼고 있었기에 규칙을 다시 한번 읽은 후 기억의 정원 1 과제를 나누기로 했다. 단, 나누기를 원하지 않고 혼자 정리해보고 싶을 땐 패스권을 사용할 수 있는 자유가 있었다. 나누지 않는다고 잘못된 것이거나 이상한 것이 아니라는 건 우리 모두 알고 있었다. 나눔을 선택하든, 나누지 않음을 선택하든 우리는 본인의 선택을 믿어주기로 했다.

기억을 직면하는 용기로
삶을 바꾼다

아영이 엄마가 먼저 과제의 경험 이야기를 나눠주기 시작했다.

"놀라웠어요. 제가 술 마시는 사람들에 대해 부정적인 견해를 가지고 있었던 이유를 알게 되었거든요. 제 기억 속 아버지는 날마다 술을 드시고 오셨어요. 아버지가 술을 드시지 않고 오신 모습이 기억나지 않을 정도로요. 그래서 제가 술을 많이 마시던 남자친구들과는 다 헤어지고 지금의 남편을 선택한 것 같아요.

하지만 남편도 술자리가 있어 늦는 경우들이 있어요. 그럼 전 정말 화가 나요. 술 마신 것 때문에 일주일간 대화를 하지 않았던 적도 있어요. 내가 그렇게 싫어하는데 어떻게 늦도록 술을 마시는지 이해할 수가 없었어요. 빈번한 싸움의 가장 큰 원인이었어요. 아빠에 대한 기억과 관련이 있었다는 걸 알게 되었어요."

"그랬군요!"

"아버지와 관련해 가장 기억에 남는 상황은 어떤 것이었을까요?"

아영이 엄마는 숨을 깊게 쉬었다 내뱉었다. 그리고 차분히 이야기를 꺼냈다.

"초등학교 3학년 때였어요. 그날도 아버지는 여전히 술을 드시고 오셨어요. 엄마와 이런저런 이야기를 나누시다가 결국은 다툼이 되었어요. 목소리는 더 커졌고, 급기야 아버지는 술김에 물건들을 던지셨는데…"

아영이 엄마의 목소리가 떨리더니 흐느끼기 시작했다. 하지만 이야기를 이어갔다.

"엄마가 다쳤어요. 아버지가 던진 물건 때문에…. 엄마도 화가 나서 아버지와 몸싸움을 시작하셨는데…. 엄마는 힘이 너무 약했어요. 저도 그렇고…. 동생은 크게 울기 시작했고… 전 동생을 데리고 방으로 들어왔어요."

아영이 엄마의 이야기가 끝이 났지만 어떤 이야기도 건넬 수가 없었다. 그 시간 그 공간에 있던 3학년 아이의 고통이 어땠을지 느껴졌기 때문이다. 또한 3학년 아이가 할 수 있는 최선을 다해 용감하게 동생을 보호하긴 했지만, 엄마 아빠의 싸움을 해결할 어떤 방법도 없었던 자신을 느끼며 괴로워했을 어린아이의 마음이 느껴졌다.

"그때 기분은 어땠던 것 같아요?"

"슬펐어요. 도망가고 싶고… 무서웠어요. 물건들이 부서지는데 엄마를 두고 동생과 방으로 도망을…. 엄마가 너무 걱정되었어요."

아영의 엄마의 흐느낌은 더 커졌다.

"엄마를 두고 방으로 들어왔을 땐 어떤 느낌이 드셨어요?"

"너무 미안하고 슬펐어요. 엄마가 고통스러워하는 소리가 들렸어요."

"엄마의 고통스러워하는 소리가 방으로 들려오는 건 더 큰 아픔이었겠네요. 그래서 엄마에게 미안함도 느껴졌고, 슬프기도 했네요!"

"네."

잠시 침묵의 시간이 흘렀다. 그리고 나는 다른 이야기를 건넸다.

"하지만 그 당시엔 그게 최선이었던 거죠. 어린 나이에 엄마를 보호할 수 있는 사람은 없어요. 그 나이엔 보호를 받아야 하는 거죠. 보호하는 게 아니라. 그런데 그 상황 속에서도 동생을 챙겼네요. 동생은 언니 덕분에 조금은 덜 무서웠을 것 같아요. 누구라도 그 상황에선 엄마를 도울 수 없었을 거예요."

고작 3학년 아이가 짊어진 삶의 무게

고작 3학년 아이가 무엇을 할 수 있었겠나. 덩치 큰 어른들의 폭력 속에서. 자신과 동생의 몸을 피할 수 있었던 것도 다행인데, 엄마를 보호해주지 못한 미안함에 자신들만 도망 온 죄책감까지 느끼고 있던 그녀를 생각하니 애처롭기까지 했다. 어린아이에게 다가왔던 공포심과 죄책감, 그리고 그때 어떤 것도 하지 못했다는 무기력감은 암묵적 기억이 되어 은연중에 아영이 엄마의 삶에 영향을 미쳤던 것이다.

아동기의 부정적 경험은 이렇듯 삶에 영향을 미친다. 아영이 엄마는 스몰 트라우마로도 볼 수 있는 이 경험들로 남편이 술을 마시고 들어왔을 때마다 더 민감하게 반응할 수밖에 없었다. 정리되지 않은 부정적 경험이 스스로를 아프게 했던 건 당연하다. 아프니까 아프다고, 싫으니까 싫다고 이야기할 수밖에 없었지만, 자신의 기억들을 모르는 누군가로부터 아픔을, 분노를, 슬픔을 이해받기란 쉽지 않았을 것이다.

아영이 엄마가 남편에게 화가 나는 이유를 알았다면 '아, 내가 과거의 기억들로 인해 지금 화가 나는 거구나'라고 알아차리거나 "나는 이런 기억들이 있기 때문에 술과 관련된 상황 속에서 더 무섭고 슬프고 화가 나는 것 같아. 그래서 내 의도와 상관없이 더 화를 내는 것 같아. 날 좀 도와줄 수 있어?"라고 대화해볼 수 있었을 테지만, 자신조차 잊고 있었던 기억들이기에 이야기할 수 없었다. 자신도 모르게 악몽 같던 부정적 경험들의 영향을 받고 있던 것뿐이었다.

버리고 다듬으며
정리되는 기억

아영이 엄마만큼 함께 눈물을 흘리며 이해하던 구성원들에게 물었다.

"3학년인 아이가 겪었을 감정의 크기가 이해되는지요? 이해가 된다면 3학년이었던 아영이 엄마에게 들려주고 싶은 이야기를 해주실 수 있을까요? 잘될 거야, 힘내, 이런 말보다 3학년 아이의 감정이 이해되는 부분만 말씀해주시면 좋겠어요."

"술 마시고 온 아빠를 두려워한 어린아이의 마음이 이해가 되네요."

"얼마나 무서웠을까요. 난 그 자리에서 울고만 있었을 것 같아요. 무서움, 공포심이 이해가 돼요."

"안전한 곳으로 동생을 챙겨서 피한 일이 정말 다행이에요."

"엄마한테 미안함을 느꼈다니 엄마는 그런 마음이 있는 딸이 있어서 힘이 되었을 것 같아요"

"많이 힘들었을 텐데…. 지금 이렇게 건강하게 우리 옆에 있어줘서 고마워요."

아영이 엄마의 단짝인 보람이 엄마가 마지막으로 아영이 엄마에게 고맙다는 말을 하며 그녀를 따뜻하게 바라보았다.

그 상황에서 아영이 엄마가 바라던 것은 싸움 없는 집, 술 마시지 않는 아빠였단다. 기억 속의 자신에게 해주고 싶은 말은 '무서웠을 텐데, 힘들었을 텐데 애썼어'라고 했다. 그리고 이 기억에 대한 제목을 '다 지나감'이라고 붙였다. 엄마들은 또다시 여고생들처럼 "어머 멋지네. 근사하다" 등으로 반응해주었다. 아영이 엄마의 제목처럼 다 지나갔다. 지금 그녀의 가정은 3학년의 자신이 속해 있던 가정이 아니고, 자신의 선택으로 이룬 자신이 원했던 가정인 것이다.

어른이 되었고, 더 많은 힘이 생겼고, 더 많은 지혜가 생겼고, 더 많은 각도에서 기억을 관찰할 수 있게 되었다. 지나간 과거의 영향을 더 이상 받지 않을 자유도 지금의 자신에게 있는 것이다. 하지만 정리되지 않은 기억은 삶 언저리에 머물면서 영향을 미친다. 우리는 집요하게 기억으로 들어가 상황과 감정을 정리해볼 필요가 있다. 아영이 엄마 말처럼 기억을 잘 정리하면 다 지나가게 된다. 더 이상 언저리에 머물지 않는다.

마지막으로 아영이 엄마에게 지금 드는 느낌이나 생각이 어떤지 물었다.

"음, 뭔지 모르겠는데… 많이 가벼워진 것 같아요. 알게 모르게 느끼고 있던 죄책감, 그게 좀 힘들었는데 그게 사라진 것 같아요. 편안해요. 그리고 이곳에 함께 있는 엄마들과 선생님께 고마움이 느껴져요."

아영이 엄마는 옆에서 지지해준 엄마들에게 눈으로 인사를 했다. 나도 아영이 엄마에게 고마움의 눈인사를 전했다. 기억을 찾아낸 힘에, 나눠준 용기에, 그리고 이곳에 있으면서 기억과 만나 잘 정리하고 돌아온 모습에….

이날은 한 사람 한 사람의 기억들을 나누며 서로를 이해한 날이었고, 모두가 하나로 연결된 날이기도 했다. 그리고 과거의 얽매임으로부터 벗어난 자유로움의 날개가 겨드랑이에서 삐죽이 자라난 날이기도 했다.

자유로움의 날개를 다는 시간

'날개 다는 시간!' 난 기억들을 만나고 정리하는 시간을 날개 다는 시간이라고 부른다. 처음에 아픈 기억을 떠올리는 건 참 쉽지 않은 일이다. 하지만 그 기억들을 꺼내 먼지를 털고 제 자리를 찾아주다 보면, 인식되지 않던 기억이 떠오르고 새로운 통찰을 얻어 기억들이 정리된다. 이때 가슴에 있던 모래주머니 하나가 툭 하고 떨어지는 경험을 하게 된다. 그리고 떨어진 모래주머니의 무게만큼 더 가볍고 자유로워진다.

삶은 모래주머니를 비우면서 오르내리는 여행과도 같다. 기억 정리를 하는 작업은 가슴에 꽁꽁 묶어놓았던 모래주머니를 하나씩 풀어 던져버릴 수 있게 돕는다. 가슴이 가벼워질수록 더 높이 올라 더 넓은 시야를 확보할 수 있다. 시야가 넓어지면 원하던 방향으로 쉽게 여행할 수 있다.

다음은 내 기억의 정원 일부를 옮겨 놓은 것이다. 처음에는 글을 쓰는 내내 아파서 눈물을 흘리고, 적으면서도 화나는 감정을 느꼈다. 그런데 6개월에 한 번씩 기억을 만나는 작업을 할 때마다 기억이 달라지고 등장인물이 달라지고 관점이 달라졌다. 첫 번째 제목은 '형편없는 어른들 세상', 두 번째 제목은 '나만 아는 슬픔', 그리고 세 번째 제목은 '서로의 감정을 느끼던 관계'라고 지었다. 세 번째 기억을 마지막으로 기억 정리 시간에 이 기억은 다시 등장하지 않았다. 다음은 첫 번째와 세 번째 기억 정리 내용이다.

✏️ 예시 1 | 2015년 3월 4일 기억 정리 중 일부

나이	10세
기억나는 상황	크리스마스 때 동생과 무대에 서게 되었다. 우리는 한 달간 준비를 했고, 아동부 1등을 했다. 1등을 한 팀에게는 크리스마스 저녁 예배 때 발표를 할 기회가 주어진다. 우리는 모든 가족이 모이는 예배 자리에서 아동부 대표로 무대에 서게 되었다. 발표 준비를 하고 있는데 총무 선생님이 오셔서 너희가 발표하지 않고 고○○와 이○○가 발표하게 될 것 같다고 이야기하셨다. 이해할 수 없는 상황이었다. 선생님도 통보를 받은 것이기에 많이 미안해하셨다. 나는 혼자 1층으로 내려와 엉엉 소리 내어 울었다.
등장인물	동생, 나, 아빠, 집사님 두 분, 총무 선생님, 예배드리러 온 많은 사람들
그때의 기분	억울함, 분함, 화남, 슬픔
그런 기분이 든 이유	어른들은 규칙을 너무 쉽게 어긴다. 한 달간의 노력은 보지 못하나 보다. 내가 느끼기에는 돈에 의해 비인간적으로 결정을 하는 것 같다. 내가 바꿀 수 있는 것이 하나도 없다. 약속을 지키지 않은 것도 화가 나지만, 우리의 마음을 조금이라도 생각했다면 미리 말했어야 했다. 그랬다면 아예 저녁 예배에 나오지도 않았을 것이고 지금처럼 창피하지도 않았을 것이다. 잘사는 집사님의 딸들이 갑자기 무대에 서게 되는 것이 정말 이해되지 않는다.

그 상황에서 원하던 것	계획되었던 대로 무대에 올라 찬양을 하고, 아빠가 우리의 모습을 보았으면 좋았을 것 같다. 크리스마스에 동생과 난 자랑스러운 딸이 되어서 행복을 선물하고 싶었다. 그리고 크리스마스 저녁 예배에 발표하는 목표를 성취해내고 싶었다.
붙이고 싶은 제목	형편없는 어른들 세상
그 사건이 현재의 나에게 미치는 영향은?	어린 나이에 내가 보게 된 것은 돈은 약속을 바꾸고 상황을 바꿀 수 있다는 것이었다. 한동안은 어른들을 불신했다. 경제력은 중요하다는 가치관을 갖게 했다.
지금 드는 생각이나 느낌	정말 화가 많이 났지? 납득되지 않는 상황을 초등학교 3학년 때 경험했네. 아무도 무엇 때문인지 설명해주지 않고 갑작스럽게 변경되니 경제적인 것 때문이라고 어린 나는 결론을 내렸었구나. 그래서 네가 그토록 능력 있는 사람이 되고 싶어 했었던 거네. 너의 지나온 시간들이 이해가 되네. 많이 억울하고 슬프고 이해되지 않고 화가 났었을 텐데 혼자서 삭였구나. 그리고 잘 살아야겠다는 결심을 했구나.

✏️ **예시 2 | 2016년 11월 28일 기억 정리 중 일부**

나이	10세
기억나는 상황	우리가 원하던 대로 크리스마스 저녁 예배에 아동부 대표로 서게 되었다. 한 달 동안의 노력이 결실을 맺은 것 같았다. 저쪽에 고○○, 이○○의 얼굴이 보인다. 밝게 웃고 있다. 총무 선생님이 다소 경직된 표정으로 다가오신다. "미안해서 어떡하나…. 오늘 저녁엔 다른 친구들이 무대에 서게 될 것 같아." 성가대에 계시던 아빠가 우리에게 시선을 보내고 계셨다. 난 잠시 1층으로 내려와 소리 내어 울었다.
등장인물	동생, 나, 아빠, 집사님 두 분, 집사님 두 분의 딸들, 총무 선생님, 예배 드리러 온 많은 사람들
그때의 기분	억울함, 분함, 화남, 슬픔
그런 기분이 든 이유	미안해하시는 아빠의 표정을 보았다. 아빠가 잘못하신 것이 하나도 없었지만, 아빠는 우리에게 미안해하셨다. 잘못한 것이 없는 아빠가 미안해하는 이유는 경제적인 상황에 의해 결정되었다고 생각하셨기 때문인 것 같다.
그 상황에서 원하던 것	계획되었던 대로 무대에 올라 찬양을 하고, 아빠가 우리의 모습을 보았으면 좋았을 것 같다.

붙이고 싶은 제목	서로의 감정을 느끼던 관계
그 사건이 현재의 나에게 미치는 영향은?	아빠는 우리를 늘 관찰해주셨구나. 우리도 아빠를 관찰하고 있었구나. 서로를 바라보며 끊임없이 응원하고 지지했었구나. 정서적 보살핌을 주셨던 부모님께 감사함이 느껴진다..
지금 드는 생각이나 느낌	이 기억은 매번 다른 상황을 보게 하고 다른 생각을 갖게 한다. 예전엔 경제적으로 잘 살고 싶다는 생각을 했었던 사건이었는데, 지금은 열 살의 나이에 아빠의 표정을 보던 내가 보였다. 아빠의 마음을 읽을 수 있었다. 아빠는 우리를 보고 우리는 아빠를 보고 있었다. 서로 관찰하며 감정을 살펴주던, 정서적으로 연결되어 있던 아빠와 우리의 관계가 감사하다. 열 살의 딸이 감정을 알 수 있도록 키워주고 계셨음을 다시 알아차린다. 아빠는 돈으로 살 수 없는 걸 끊임없이 주고 계셨다. 아빠의 교육과 교육철학과 엄마의 헌신적인 사랑에 감사함이 느껴진다. 덕분에 내가 행복을 느끼며 자랄 수 있었다.

충분히 이해받은 감정은
스스로 선택할 힘을 준다

개를 너무 좋아했던 아이는 지금까지 보아온 모든 개들이 꼬리를 살랑거리고 쓰다듬어주면 좋아했기에 개에 대해 두려움이 없었다. 그러던 어느 날 뜻하지 않게 낯선 개가 쓰다듬으려는 손을 물어버렸다. 그 사건 이후로 아이는 개 사진만 보아도 무서움을 느끼고 개가 짖는 소리만 들어도 이불 속으로 숨어버린다. 감정적 기억과 관련이 있다.

직장생활을 하고 있는 미소 씨는 시험을 볼 때만 되면 머리가 아프고 글자가 보이지 않는 증상이 나타났다.

"숨을 못 쉬겠고 머리가 너무 아팠어요. 눈앞에 아무것도 보이지 않았어요."

미소 씨는 답답한 마음을 이 한 줄로 표현했다. 과거의 미소 씨는 공부도 아주 잘했고 명랑하고 유쾌한 친구였다. 전교 10등 안에 드는 건 '미소니까 당연하지'라고 생각했다. 그런데 고3 때부터 갑자기 성적이 떨어지기 시작했다. 결국 대학 시험도 끝까지 치르지 못하고 중간에 집으로 돌아왔다. 그리고 이런 일은 두 번이나 더 일어났다. 총 세 번의 시험에서 중간에 문제가 보이지 않고 머리가 아픈 증상이 나타나 결국 시험을 포기했다. 밝고 활기찼던 미소 씨는 점점 어두워졌고 친구들과 만나는 자리에 나가지 않았다.

고2 때 미소 씨는 전교 3등에서 17등으로 떨어진 성적 때문에 아버지의 분노를 몸으로 받아내야 했다. 아무 말 없이 울며 고통을 참아내던 미소 씨는 그 뒤로 시험공부를 아무리 열심히 해도 막상 시험 당일에 이상 증상이 나타나 번번이 좋은 성적을 얻지 못했다.

미소 씨에게 공부란 잘해야 생존할 수 있고, 잘해야 사랑받을 수 있는 생명줄이었다. 어린 미소 씨의 생각 속에선 그랬다. 하지만 미소 씨가 아등바등할수록 더 괴로운 결과만 있었다. 미소 씨의 상황도 감정적 기억과 연관이 있었다. 미소 씨는 내면을 바라보는 마음치료 과정을 거친 후 아버지와 깊은 대화를 나누었다.

영유아기와 사춘기의 기억들은 더 예민하게 남아 무의식 속에 자리한다. 그리고 어느 순간 자신의 감정과 신체를 휩쓸어버리는 감정적 기억으로 남는다. 이를 뇌와 관련지어보면 이해하기가 더 쉽다. '감정의 뇌'라 불리는 변연계 속의 편도체는 우리가 긴급한 상황일 때 빨간불을 켜서 위험 상황을 알린다. '너! 이 상황, 옛날에 무지 가슴 아팠던 상황이야. 널 보호해야 해. 지금!', '개다. 널 아프게 물었었어. 도망가야지!'라고. 이성적으로 판단할 수 있는 일반적 경로를 지나지 않고, 아픔이 입력되었던 값으로 빠르게 대처하도록 편도체가 작동하는 것이다.

편도체가 작동하는 것은 우리를 보호하기 위해서다. 문제는 이렇게 자동적으로 반응해서 우리를 위험으로부터 보호하는 편도체가 수시로 작동된다는 것이다. 남편과의 싸움에서도, 아이가 짜증 낼 때도, 누군가가 자신에게 수치감을 주었을 때도 같은 위험 신호를 보낸다. 이렇게 되면 우리는 이성적인 뇌를 사용하지 못하기 때문에 싸우거나 도망치거나 얼어붙는 3가지 행위 중 하나를 선택하게 된다.

자신의 아픈 기억과 관련되거나 마음에 상처가 되는 말들로 편도체에 빨간불이 들어오면, 이성적으로 분석하고 판단하게 돕는 전두엽에까지 피가 흐르지 못해 지혜로운 판단을 하기 힘들어진다. 다시 말해 내 남편, 내 아내가 뭔가를 잘못해서가 아니라 아픈 기억을 불러일으키는 말들을 아내로부터, 남편으로부터 들었을 때 감정적 기억들이 훅 올라와 흥분하고 욱하는 것이다. 결국 돌아서면 후회할 일들을 남기곤 한다. 그리고 이런 방식이 반복될 때 자신이 사랑하는 사람으로부터 이해받지 못하고 공격받는 느낌이 들어, 외로움을 느끼고 배신감을 느끼기도 하며 정서적으로 연결되지 못하는 원인이 되기도 한다.

절대 바뀔 것 같지 않던 기억들, 아픔으로만 기억되던 기억들도 꺼내어 만나보고, 어린 내가 볼 수 없었던 부분을 관찰해보고, 그 마음을 완전하게 이해하고 나면 기억이 달라진다. 아파하며 외로워했을 어린 나를 위로하고, 혼자서 그 상황에 직면했던 힘없는 아이를 성장한 자신이 안아주고 이해해주고 기다려주고 지지해주자. '혼자서 얼마나 힘들었니?' '얼마나 두려웠니?' '얼마나 외로웠을까…' '내 안의 너야, 고맙구나. 그렇게 잘 견디어준 네가 있어 오늘 난 이렇게 성장할 수 있었어. 내가 너와 함께할게.' 어른이 된 자신이 기억 속에서 슬퍼하고 있는 어린 나를 만나는 용기가 필요하다.

우리의 감정들이 어디서부터 시작되었는지 그 뿌리를 보는 일은 쉽지 않다. 하지만 감정의 이유를 보았다면 이제 같은 감정이 느껴지려 할 때 이전처럼 분노를 선택할지 아닐지를 결정할 수 있다. 두려움의 근원이 어디인지, 억울함의 근원이 어디인지, 분노의 근원이 어디인지 파악할 수 있기 때문이다.

감정을 선택할 수는 없을지라도 자신의 의식을 바탕으로 어떤 대처를 하고 싶은지는 선택할 수 있다. 또 감정의 기억으로부터 벗어날 수 없었던, 반복되던 행동과 감정의 패턴들에서 자유로워질 수 있다. 누군가로부터 충분히 이해받은 감정은 행동을 선택할 힘을 준다.

* 감정의 뿌리를 찾는 작업은 안정감 있는 상태에서 안전하게 진행되어야 한다.

진짜 엄마가 되기 위한 준비, 8일간의 감정 공부

7일 차
시든 감정을 보내면 얻게 되는 자유로움

What (무엇을 해야 할까?)	구멍 난 양동이처럼 손실되던 감정들을 막아준다.
Why (왜 해야 할까?)	감정 에너지의 손실을 막아 에너지를 효율적으로 관리할 수 있다.
How to (어떻게 할까?)	시든 감정의 잔가지를 정리한다. 타인을 용서하고 나를 용서한다.

활동 ❶ 시든 감정의 잔가지 정리하기

　6일 차 감정 공부를 통해 자신의 삶에서 큰 부분을 차지하며 영향을 미치는 감정들을 정돈해보았다.

　핵심적인 감정 말고도 은근히 기분을 가라앉히고 힘 빠지게 하는 감정들이 있다. 이 감정들은 종종 삶 속에 스며들어 에너지를 빠져나가게 만든다. 그 감정들을 구체적으로 관찰하고 명확하게 규정지어보는 것은 매우 중요하다. 나는 이 작업을 '시든 감정의 잔가지 정리'라고 부른다.

　다음 워크지는 우리가 느낀 감정을 구체적으로 들여다볼 수 있게 한다. 지금 느끼는 감정에 대해 되도록 자세하게 적는다. 지금 특별한 감정이 느껴지지 않는다면 떠오르는 기억이나 상황을 적어도 좋다. 또 여기에 없는 감정들이 느껴진다면 그 감정에 대해서도 같은 방법으로 작업해본다. 자신도 모르게 스스로를 압박하거나 힘 빠지게 하던 감정들이 정리되는 것을 느끼게 될 것이다.

　이 작업에서 가장 중요한 것은 감정을 지지해주는 과정이다. 그 감정이 무엇인지 정확히 파악하고 나서 왜 그런 감정이 들었는지 이해해주고, 충분히 그럴 수 있다는 것을 인정해주고, 누구나 그 상황에서는 그 감정을 느낄 수 있다는 것을 자신에게 이야기해주자.

✏️ 예시 | 분노

시든 감정의 잔가지 정리하기

어떤 때 분노가 느껴졌나?

수치심을 느끼게 할 때

어떤 상황에서 분노를 경험했나?

중학교 선생님이 이유 없이 혼을 냈다. 모든 아이가 보는 상황이라 더 화가 났다.

나는 분노를 느꼈을 때 어떻게 했나?

무시했다.

주변 사람들은 분노를 느꼈을 때 어떻게 했나?

참았다.

분노를 느낀 이유는 무엇인가?

권력을 남용한다는 생각, 너무 어린아이로만 생각하는 것이 아닌가 하는 생각

분노를 느꼈을 때의 내 마음에 이해되는 면이 있다면?

그래 잘못했던 게 있더라도 다른 친구들 앞에서 창피함을 느끼게 혼내는 건 좀 화가 났겠어.
마음을 어루만지고 이해해줄 수 있는 선생님이 그리웠을 것 같아. 화가 날 만하네.

✏️ **분노**

시든 감정의 잔가지 정리하기

어떤 때 분노가 느껴졌나?

어떤 상황에서 분노를 경험했나?

나는 분노를 느꼈을 때 어떻게 했나?

주변 사람들은 분노를 느꼈을 때 어떻게 했나?

분노를 느낀 이유는 무엇인가?

분노를 느꼈을 때의 내 마음에 이해되는 면이 있다면?

✏️ 수치심

> **시든 감정의 잔가지 정리하기**
>
> 어떤 때 수치심이 느껴졌나?
>
>
> 어떤 상황에서 수치심을 경험했나?
>
>
> 나는 수치심을 느꼈을 때 어떻게 했나?
>
>
> 주변 사람들은 수치심을 느꼈을 때 어떻게 했나?
>
>
> 수치심을 느낀 이유는 무엇인가?
>
>
> 수치심을 느꼈을 때의 내 마음에 이해되는 면이 있다면?

✎ 슬픔

시든 감정의 잔가지 정리하기

어떤 때 슬픔이 느껴졌나?

어떤 상황에서 슬픔을 경험했나?

나는 슬픔을 느꼈을 때 어떻게 했나?

주변 사람들은 슬픔을 느꼈을 때 어떻게 했나?

슬픔을 느낀 이유는 무엇인가?

슬픔을 느꼈을 때의 내 마음에 이해되는 면이 있다면?

✏️ 두려움

> **시든 감정의 잔가지 정리하기**
>
> 어떤 때 두려움이 느껴졌나?
>
>
> 어떤 상황에서 두려움을 경험했나?
>
>
> 나는 두려움을 느꼈을 때 어떻게 했나?
>
>
> 주변 사람들은 두려움을 느꼈을 때 어떻게 했나?
>
>
> 두려움을 느낀 이유는 무엇인가?
>
>
> 두려움을 느꼈을 때의 내 마음에 이해되는 면이 있다면?

✏️ 죄책감

시든 감정의 잔가지 정리하기

어떤 때 죄책감이 느껴졌나?

어떤 상황에서 죄책감을 경험했나?

나는 죄책감을 느꼈을 때 어떻게 했나?

주변 사람들은 죄책감을 느꼈을 때 어떻게 했나?

죄책감을 느낀 이유는 무엇인가?

죄책감을 느꼈을 때의 내 마음에 이해되는 면이 있다면?

✏️ 억울함

시든 감정의 잔가지 정리하기

어떤 때 억울함이 느껴졌나?

어떤 상황에서 억울함을 경험했나?

나는 억울함을 느꼈을 때 어떻게 했나?

주변 사람들은 억울함을 느꼈을 때 어떻게 했나?

억울함을 느낀 이유는 무엇인가?

억울함을 느꼈을 때의 내 마음에 이해되는 면이 있다면?

✏️ 자괴감

시든 감정의 잔가지 정리하기

어떤 때 자괴감이 느껴졌나?

어떤 상황에서 자괴감을 경험했나?

나는 자괴감을 느꼈을 때 어떻게 했나?

주변 사람들은 자괴감을 느꼈을 때 어떻게 했나?

자괴감을 느낀 이유는 무엇인가?

자괴감을 느꼈을 때의 내 마음에 이해되는 면이 있다면?

자신의 감정들을 관찰했다면 이제 행동으로 넘어가자. 자신의 행동을 이해하고 지지하는 시간을 갖는 것이다. 다가가는 대화 방식으로 죄책감을 느끼는 마음에 공감해주고, 두려움을 느끼던 자신을 지지해주는 것이다. 감정엔 옳고 그름이 없다는 걸 다시 한번 인지하면서 "그래 그런 상황에서 억울할 만했겠다. 충분히 억울할 만한 상황이었어"라고 인정도 해준다. 그 상황에서 그렇게 행동하게 된 이유를 잘 들어보고, 무엇 때문에 화가 났었는지, 어떤 것이 특히 창피함을 느끼게 했는지 자신의 마음을 스스로 정확히 보고 이해해주는 것이다.

감정은 이해되고 나면 틈을 허락한다. 그 틈으로 새로운 생각, 새로운 견해가 찾아온다. 아프고 쓰라리던 마음이 어루만져지고 나면, 같은 상황을 다르게 바라볼 여지가 생기는 것이다. 상처받은 감정들에 이해와 지지의 햇살이 비쳐야 추운 겨울을 이겨내고 내면의 힘으로 새싹을 틔울 수 있다. 그렇게 조금씩 힘을 더해 새로운 싹을 틔우는 것이다.

기억된 과거는 미래의 삶에 영향을 준다. 어쩌면 지금까지의 삶에 영향을 미쳐왔을 수도 있다. 자신이 원하지 않음에도 불구하고 수동적인 모습으로 기억의 흐름대로 마음이 반응했다면, 기억들을 정돈해보는 것으로 새로운 신경망을 형성할 수 있다. 새로운 신경망을 형성했을 때 비로소 기억에 대한 다른 반응을 시작할 수 있다. 시간을 두고 반복적으로 떠오르는 기억들을 정리하다 보면 어느 순간 과거와 다른 반응을 하는 자신을 만나게 될 것이다.

내 감정을 지지해주는 행동

1. 과거 기억 속에 있는 어린 나에게 성인이 된 내가 응원하는 한 사람이 되어줄 필요가 있다. 기억 속 상황에 있는 어린 나는 위로나 공감을 받지 못했을 수 있다. 어린 나의 기분을 충분히 느껴주고 그 감정에 공감해준다.
   ① 심장 호흡을 2분 한다.
   ② 떠오르는 상황에 "내가 너의 편이 되어 함께 있어"라고 이야기하며 머문다.

2. "충분히 그런 기분이 들 만했어. 그런 기분을 느꼈던 건 자연스러운 일이야"라고 소리 내어 나에게 이야기해준다.

3. 그 상황 속에서 조금이라도 잘했거나 용기가 있거나 지혜로웠거나 하는 긍정적 부분을 찾아 말해준다.
   예 : "모든 사람이 널 쳐다보고 있다면 많이 창피했을 텐데, 그래도 네가 하고 싶은 말을 용기 있게 했구나."

4. 잠시 그 상황 속에 홀로 있던 기억 속의 나를 응원하고 지지하며 심장 호흡을 2~3분 한다.

활동 ❷ 마지막 순간에 남기고 싶은 이야기

감정 공부 7일 차. 엄마들에게 편지지를 나눠주었다. 오늘은 아주 묵직한 시간을 가져볼 예정이다.

"죽음에 대해 생각해보신 적이 있으신가요?"

"언젠간 죽겠지만, 아직은요."

"죽음을 맞이하기 전에 하고 싶은 것이 있으실까요? 이것만큼은 꼭 하고 싶다. 이런 거."

"있죠. 죽기 전에 옷장도 좀 정리해야 할 것 같고, 안부 인사도 마지막으로 하고 싶고, 보험도 정리하고."

"네 맞아요. 할 일이 참 많아요."

"편지지 다 받으셨죠? 우린 그 할 일들을 잠시 내려두고 지금부터 15분 정도 이 세상과 이별하는 시간이라고 생각하고 편지를 써볼 예정이에요. 언젠가 맞게 될 죽음의 순간이 지금이라고 생각하고 적어보는 거지요."

"네? 지금요?"

"꼭 써야 하는 거죠? 상상도 하기 싫은데."

"네, 마지막이라고 생각하면서 남기고 싶은 말들을 적어보시면 돼요. 무엇이라고 적든, 누구에게 어떤 글귀를 남기든, 하고 싶은 이야기를 모두 적으시면 됩니다."

잔잔한 음악이 흐르기 시작했고, 엄마들은 잠시 생각을 하는 듯 머뭇거리다 적어 내려가기 시작했다. 많은 죽음이 예고 없이 찾아오듯, 엄마들은 예상치 못한 시간에 갑작스럽게 죽음에 대한 생각을 해야 했다. 사각거리는 펜 소리에 박자를 맞추기라도 하듯 훌쩍이는 소리가 틈새를 메웠다. 볼을 타고 흘러내리는 눈물로 엄마들은 각자 이별을 하고 있었다.

　죽음은 누구도 때를 예측할 수 없다. 먼 훗날일 수도 있고, 그렇지 않을 수도 있다. 상상이지만 엄마들은 15분의 시간이 주어졌기에 마지막 인사를 할 수 있었다. 아마 이 15분 동안 하는 이야기가 그동안 엄마들이 전하려고 했던 말 중 가장 중요한 말이었을 것이다. 우리도 마지막 순간에 남기고 싶은 이야기를 한번 적어보자. 이를 '유언' 또는 '마지막 편지'라 불러도 좋다.

마지막 순간에 남기고 싶은 이야기

마지막 순간에 어떤 이야기를 남기고 싶은지 누구에게 무슨 말을 하고 싶은지 편지를 작성해본다.

1　잠시 눈을 감고 침묵 속에서 마음의 정리를 하며 1분의 시간을 보낸다.
2　눈을 뜨고 마지막 편지를 작성한다(모든 상황이 사실인 것처럼 작성해본다).

활동 ❸ 타인을 용서하고, 나를 용서하기

한참 죽음의 순간을 맞이하던 엄마들은 작업을 모두 끝냈다. 우리는 유언장을 낭독하는 시간을 가졌다. '사랑하는 사람들에게'로 시작된 첫 문장은 대부분이 '미안해'였다. 혼자 남을 남편에게는 아이들을 잘 부탁한다는 이야기를 했다. 그리고 '당신을 만나 행복했던 시간들이 고마웠어'라고도 이야기했다.

마지막 순간이 되면 현재 자신이 움켜쥐고 있던 것들이 그리 크지도, 그리 단단하지도, 그리 엄청나지도 않다는 것을 느낀다. 그리고 주먹을 쥐고 단단히 힘주었던 손에서 힘을 빼게 된다. '절대로 용서 못 해'라고 말했던 마음속 응어리도 걷어낸다.

심장 과학 분야, 회복 탄력성 최고의 연구소인 하트매스 연구소는 심장에서 나오는 강력한 도구들에 대해서 이야기한다. 하트매스 연구소에 의하면 감사하는 것, 판단하지 않는 것, 배려, 용서, 사랑은 심장 에너지를 확장하는 강력한 도구가 된다고 한다. 에너지 관리를 위해서도 우린 이를 습관화할 필요가 있다.

나의 경험에서 가장 어렵다고 느껴졌던 것은 용서였다. 너무 오래된 일이고, 지금은 볼 일이 없기에 떠올릴 필요도 없었고, 여전히 내가 지닌 관점으로는 용서가 안 될 것 같았기 때문이다. 용서가 일어나려면 '용서하지 못했던 사람과 상황을 용서하는 것이 좋겠어'라는 의식과 의지가 필요하다. 이 의식과 의지를 갖게 될 때 상대의 잘못만 크게 보이던 시각이 조금씩 변화된다. 용서의 작업은 매우 중요하다. 과거나 현재에 용서하지 못했던 상황들을 녹여낼 때 놀랍게도 자신의 에너지가 확장되는 것을 경험할 수 있기 때문이다.

타인을 용서하기

"절대로 용서되지 않아요."

지원이 엄마가 절대로 용서할 수 없는 사람은 교통사고로 아이를 다치게 했던 학원 차량 운전사였다.

"그 눈빛이 아직도 기억이 나요. 어떻게 아이가 다쳤는데 그렇게 행동할 수가 있죠? 설령 아이가 잘못했다 하더라도 먼저 생각해야 하는 것은 아이의 상태였다고요. 1분 1초가 중요한 그 상황에서 잘잘못을 따지던 운전사가 아직도 기억이 나고, 날씨가 흐려 아이가 고통을 호소할 때면 더 용서가 되지 않아요."

그때 상황은 다시 떠올리고 싶지도 않다던 지원이 엄마의 이야기를 듣고 보니 그녀뿐만 아니라 그녀의 가족 모두가 상처를 받고도 남을 만하다는 생각이 들었다. 하지만 안타까운 것은 생각하고 싶지도 않은 그 일이 오히려 그녀의 삶에 달라붙어 지금도 여전히 가족들의 에너지를 빼앗아가고 있다는 것이다. 그녀는 '그때 내가 아이가 섰던 쪽에 있었다면…. 그때 내가 더 단호하고 앙칼지게 운전사에게 행동했다면…'이라는 후회를 하면서, 때로는 자책하며 괴로워하고, 때로는 교통사고 뉴스로 다시 흥분하기도 한다. 2년 전 일은 지금도 원망과 미움과 증오로 남아 있었다. 이제 아이는 건강하지만, 그 일만 생각하면 한 달이나 학교를 쉬면서 많은 어려움을 겪었던 아이에 대한 기억들이 동시에 떠오르기 때문이었다.

엄마들과 용서에 대한 이야기를 나누었다. 상대를 용서하기 위해서기도 하지만, 용서는 결국 자신을 위하는 길이기 때문이다. 우리에게는 결코 용서할 수 없는 다양한 상황들이 있다. 우리는 용서하지 못하는 상황들을 구체적으로 적어보았다. 무엇 때문에 절대 용서하고 싶지 않은지, 어떤 부분 때문에 특히 용서하지 못하겠는지, 자신이 용서할 수 없는 상대와 어떤 유사한 부분이 있는지, 자신의 기억과는 어떤 관련이 있는지 생각해보았다.

그런 다음 용서를 선택하는 단계로 넘어갔다. 용서는 상대를 위해서가 아니라 자신을 위해서 하는 것이다. 엄마들은 더 행복하고 나답게 살기 위해 마음에 움켜쥐고 절대로 녹여내지 못하던 것을 녹여내기 위해 노력했다. 절대 용서할 수 없다며 신경 쓰기 싫은 대상이라고 말하던 어머니를 용서한 엄마도 있었고, 자신을 괴롭히고 수치스러움을 느끼게 했던 남성을 용서를 한 엄마도 있었다. 내 안에 담겨 있었지만 차마 꺼내지 못했던 마음들을 보고 녹이고 흘려보냈다.

이때 주의해야 할 것이 있다. 적당한 지점에서 타협하는 용서는 효과가 없다는 것이다. '난 이런 부분은 이해가 되지만 다른 건 용서 못 하겠어.' 이것은 용서라고 할 수 없다. 타협하는 용서가 아니라 전부 다 오롯이 용서될 때까지 이 작업을 해나가야 한다. 모든 것을 녹여 배출할 수 있을 때, 내 안에 분노와 원망이 남아 있지 않은 그때, 용서한 사람이 얻게 되는 자유로움이 내 것이 될 수 있다.

마음에 남아 있는 것 하나 없이 용서하게 되었을 때 분노와 원망 등 마음 속 깊은 곳에 있던 무거운 감정을 걷어낼 수 있다. 그래야 기체처럼 가벼워진 자신을 느끼며 또 한 번의 성장과 자유로움을 만끽하게 된다.

나라 잃은 분노를 자비와 용서로 승화시킨 티베트의 현인 달라이 라마는 '용서는 단지 우리에게 상처를 준 사람들을 받아들이는 것만을 의미하지 않는다'고 말했다. 그것은 그들을 향한 미움과 원망의 마음에서 스스로를 놓아주는 일이고, 그러므로 용서는 자기 자신에게 베푸는 가장 큰 자비이자 사랑이라는 것이다. 그의 말처럼 용서는 자신을 위해 하는 가장 용기 있는 행동이라고 할 수 있다.

나를 용서하기

타인을 용서했다면 이제 스스로 비난하고 용서하지 못했던 부분들도 용서해야 한다. 아무에게도 말하지 못했던, 자신만 알고 있는 부끄러운 부분도 이야기하고, 숨기고 싶었던 비밀들도 이야기하며 스스로 용서하는 시간을 가져본다. 한 걸음 한 걸음 걸으며 용서할 수 없는 부분, 용서해야 할 부분들을 말로 표현하고 보내본다.

스스로 온전히 용서할 수 있을 때 자신을 두 팔로 포근하게 안아주자. 스스로 용서하는 순간 내 안의 나와 육체적인 나는 점점 통합되어갈 것이다. 타인과 자신을 진정으로 용서할 수 있을 때 삶의 에너지는 확장된다.

산책을 통해 타인과 나를 용서하기

침묵 속에서 아래 문구를 되뇌며 천천히 걷는다. 1번을 하고 난 후 2번을 한다. 1번이 안 되면 될 때까지 1번을 계속한다. 1번이 완전하게 되었을 때 나를 위한 용서를 시작한다. 산책 시간은 30분 정도가 좋다.

1 타인을 위한 용서

천천히 산책하며 용서의 시간을 갖는다.

"나는 당신의 잘못을 용서합니다."

"나는 지금 당신을 나의 마음에서 내려놓습니다."

"내가 성장했듯이 당신도 성장하게 될 것을 압니다."

"나는 나를 위해 그리고 당신을 위해 분노를 버리고 기꺼이 당신을 용서합니다."

2 나를 위한 고백과 용서

천천히 자연을 느끼며 용서의 시간을 갖는다.

"차마 남들 앞에서 이야기할 수 없었던 나의 부끄러움은 ○○이다."

"나만 알고 있는 나의 잘못은 ○○이다." (여러 번 반복해 말한다.)

솔직할 수 없었던 상황들, 진솔하지 못한 모습으로 '~하는 척'하며 지냈던 나의 모습들을 산책하는 동안 모두 고백한다. 솔직하면 솔직할수록 더 많은 효과가 있을 것이다. 그런 다음 이렇게 말해본다.

"나는 과거로부터 자유롭습니다."

"나는 나에게 상처를 주었던 나와 또 다른 누군가에게 상처를 주었던 나의 모습을 인정하고 반성하며 용서하겠습니다."

진짜 엄마가 되기 위한 준비, 8일간의 감정 공부

8일 차
벽을 깨자 보이는 나의 꿈과 삶

What (무엇을 해야 할까?)	건강한 자아로 존재감 있게 뿌리를 내린다.
Why (왜 해야 할까?)	긍정적 에너지로 가득 찬 실존적 삶을 꿈꾸며 살 수 있다.
How to (어떻게 할까?)	거울 속의 나에게 이야기한다. 실존적인 삶을 이해한다. 나의 꿈, 나의 인생 건설한다.

활동 ❶ 거울 속의 나에게

드디어 8일 차. 감정 공부의 마지막 날 우리가 할 작업은 거울을 보면서 자신에게 이야기를 하는 일이다. 나는 테이블 앞에 거울을 하나씩 놓아주었다. 엄마들은 마음이 편안해지는 음악을 들으며, 거울 속에 비친 자신을 바라보았다. 거울 속의 자기 눈을 지그시 바라보면서 "난 나를 사랑해"라고 이야기했다.

하지만 다들 눈빛이 흔들리고 목소리에 힘이 없었다. 오른손을 왼쪽 가슴에, 왼손을 오른손 위에 포개어 자신을 토닥이며 "나는 나를 사랑해"라고 다시 이야기했다. 머릿속에 자신을 사랑하지 못하는 이유들이 떠오를 땐 그것을 종이에 적어보기로 했다. 이 작업을 계속 반복했다. 만약 사랑한다고 결코 말할 수 없는 이유가 있다면, 그게 진짜 이유가 될 수 있는지 자문해보았다. 다음은 그 예이다.

"나는 나를 사랑해."

"자신감이 없잖아. 사랑할 수 없어."

질문 : 자신감이 없다는 것이 진짜 내가 나를 사랑하지 못하는 이유가 되는 걸까?

다시 두 팔로 나를 안으며 "나는 나를 사랑해"라고 이야기한다.

"나는 나를 사랑해."

"넌 욕심이 너무 많았어. 이기적이었다고."

질문 : 욕심이 너무 많다는 이유로 정말 날 사랑할 수 없는 걸까? 그때 욕심을 많이 낼 수밖에 없었던 근본적인 이유는 무엇이었을까? 난 어떤 상황이었나?

이 과정을 진행하고 있는데 한 엄마가 눈물을 똑 떨어뜨렸다.
"그래도 나는 나를 사랑해."
우리는 느꼈다. 자신이 어떤 모습이든 사랑받지 못할 이유는 없다는 걸. 나는 그저 나라는 존재 자체로 사랑받아야 하는 것이다. 우리는 우리가 적어 내려간 것을 본 후 다시 두 팔로 자신을 토닥이며 "나는 날 사랑해"라고 이야기했다. 마지막 날까지 우리의 눈가엔 눈물이 마르지 않았다.

종이에 적힌 한 문장 한 문장을 보면서 자신을 사랑할 수 없었던 이유와 생각들을 알아차릴 수 있었다. 잘하지 못한다고 여기던 부분이 스쳐가고, 잘하지 못했던 경험들이 스쳐가고, 주변의 이야기들이 스쳐갔다. 하지만 그 모든 이유가 자신을 사랑하지 못할 이유가 되지 않는다는 걸 스스로 알게 되었다. 그렇게 거울 속의 자신에게 "사랑해"라고 이야기하고, "고마워"라는 말도 덧붙였다.

엄마들은 그렇게 스스로를 인정하고 안아주는 시간을 가졌다. 학대는 다른 대상에게만 하는 것이 아니다. 자신을 인정하지 못하고 경멸하고 외면하는 것도 학대가 된다. 눈으로 피를 보아야만 자해가 되는 것이 아니다. 스스로 자기 안에 피를 흘리도록 만들고 있다면 보이지 않는 자해가 되는 것이다.

이 과정을 모두 마친 엄마들은 내면의 자신을 꼭 안아줄 힘이 생겼다. 남을 이해하고 남에게 맞추기보다 자신의 내면에서 어떤 이야기를 하는지 더 들어보기로 했다. 그러기 위해 숨을 쉬는 것이 필요했고, 감각을 알아차리는 것이 필요했고, 감정을 파악하는 것이 필요했다. 또 의도와 다르게 상황이 전개되는 것을 막기 위해 대화의 기술이 필요했고, 감사를 발견하는 마음이 필요했고, 나의 잘못과 남의 잘못을 용서하는 것이 필요했다.

잔잔한 음악에 엄마들의 목소리가 어우러졌다.

"난 나를 사랑해."

"난 나를 사랑해."

"난 나를 사랑해."

스스로 사랑한다고 말할 수 있는 엄마들은 이제 자신을 사랑하듯이 남을 사랑할 수 있을 것이다. 진솔함을 담은 엄마들의 목소리에 고맙다는 말이 목젖까지 차올랐다.

> **거울 속의 나에게 이야기하기**
>
> 1 거울을 보며 "난 나를 사랑해"라고 목소리를 내어 이야기한다.
> 2 내가 나를 사랑할 수 없다는 생각이 들면 그 이유를 종이에 적는다.
> 3 두 팔을 나비 모양으로 만들어 가슴을 두드리며 "난 나를 사랑해"라고 이야기한다.
> 4 내가 나를 사랑하지 못하는 이유가 떠오르면 적는다.
> 5 내가 적은 이유들이 정말 내가 나를 사랑할 수 없는 이유인지 자문해본다.
> 6 두 팔을 나비 모양으로 만들어 날 안아주며 "난 나를 사랑해"라고 목소리를 내어 이야기한다.

활동 ❷ 나의 존재를 인정하기

엄마들의 용기 있는 8주간의 도전은 당위적인 삶에서 실존적인 삶으로 바뀔 수 있는 계기를 마련했다. 눈물을 흘리지 않은 날이 없었고, 잠시 과거의 고통을 다시 만나며 슬펐지만, 그 자리에 머물며 진짜 자신을 찾고 만났다.

엄마들은 감정을 정확히 알고 사라지게 하기 위해 날이 갈수록 더 진실하게 자신에게 속삭였다. 최선을 다해 과제들을 했고, 최선을 다해 자신을 관찰했다. 그렇게 자신의 고통을 알았고, 감정을 알아갔고, 본연의 모습을 찾아갔다. 과거로부터 비롯되었던 나, 이해할 수 없는 모습을 지녔던 나, 그리고 현재의 나까지. 엄마들은 끊임없이 자신의 기분을 느껴보고, 감각에 주의를 기울여보고, 숨 쉬고 있는 세포 하나하나를 느껴보았다.

우리가 감정에 대해 공부를 했던 것은 자기감정의 벽이 결코 스스로 깰 수 없는 유리벽이 아니라는 것을 알기 위해서였다. 엄마로서의 현실만 보며 자신을 자책하는 일을 반복하는 것이 아니라 마음을 돌보고 내면의 목소리에 귀를 기울였다. 진정한 자신으로부터 멀어질수록 몸과 마음이 지쳐간다는 것을 인지했다. 자신이 경험한 아픔과 슬픔, 고통들을 통해 스스로 더 성장하게 돕는 근본적인 힘을 발견하는 등 관점을 변화시키며 자신의 존재를 찾아왔다. 그래서 우리는 지금 여기에 존재하는 자신을 이해하고 알아차렸다.

자신을 인식하는 공부들로 본연의 힘을 발휘해 내면적, 물리적, 사회적, 그리고 영적인 부분에 대해 성찰하는 시간도 가졌다. 그래서 오래된 습관을 객관적으로 바라보고, 자신의 행동을 스스로 선택하고 책임지게 되었다. 각각의 삶 속에 존재하던 유리벽은 투명하고 강해 보이는 상상의 물체일 수 있다는 것을 인지했다.

자신에게 초점을 맞춰 소통하는 동안, 자신이 무엇을 원하고 어떻게 살고 싶은지에 귀를 기울이는 동안 상상 속에 굳건히 자리 잡았던 유리벽은 어느새 녹아 사라졌다. 엄마들은 유리벽을 부수고 자유롭게 선택할 수 있는 힘을 갖게 되었다. 실존적 자기 인식 과정을 통해 삶의 의미를 발견하고 본연의 가치를 발견했다.

　엄마들은 자신의 삶을 긍정하고 고유한 삶에 대해 이야기하기 시작했다. 그리고 꿈을 꾸기 시작했다. 자신에게 힘이 있음을 느끼고 존재 자체를 인정하기 시작한 엄마들은 가고 싶은 방향으로 자유롭게 움직일 준비가 되었다. 몸이 자유로워지기 시작했고, 얼굴빛이 밝아졌으며, 눈이 빛나기 시작했다. 이제 선명하게 상상하고, 간절하게 꿈꾸고, 열정적으로 움직이기만 하면 된다.

활동 ❸ 나의 꿈, 나의 인생

　'제3의 물결'로 유명한 미국의 미래학자 앨빈 토플러는 '미래는 예측하는 것이 아니라 상상하는 것이다'라고 말했다. 상상력! 기적은 상상에서 시작된다. 실존주의 철학자 사르트르는 그의 저서 〈상상력〉에서 '이미지는 의식이다'라고 이야기했다. 이미지는 사물이 아니라 의식이라는 것이다. 의식 상태에서 이미지를 시각화하고 반복했을 때 그 상상은 실제가 된다. 세계적인 물리학자 아인슈타인은 '당신이 상상하고 있는 것은 당신이 살게 될 멋진 인생을 보여주는 영화의 예고편과 같다'라고 이야기했다. 또 미국의 과학자 겸 발명가 알렉산더 그레이엄 벨은 '이 힘이 무언지는 난 정의할 수 없다. 내가 아는 건 이 힘은 꿈을 정확하게 알고 간절하게 이루고자 하는 사람에게만 나타난다는 것뿐이다'라고 말했다. 그리고 '생각의 내적 측면을 바꿈으로써 삶의 외적 측면을 바꿀 수 있게 된 사실을 알게 된 것이 우리 세대의 가장 경이로운 발견이다'라고 덧붙였다.

감정 공부를 마친 우리가 해야 할 것은 아직 경험해보지 못한 자신의 미래를 긍정적으로 상상해보는 일이다. 그 상상을 이미지화하고 이루어질 것이라는 확신을 반복하면서 잠재의식 속에서 반응할 수 있게 하는 것이다. '이건 꿈에 불과해'라는 과거의 사고를 버리고, 상상한 것들이 이루어질 것을 의심 없이 믿는다. '난 할 수 없어'라는 부정적인 생각들에 휩싸이지 않도록 반복적으로 긍정적 미래를 상상하면서 작은 것 하나라도 실천해간다. 어제와 다른 내일을 만들기 위해 어제와 다른 실천을 하면 된다.

나는 엄마들과 5년 후를 상상해보았다. 그리고 그것을 구체적으로 명확하게 적어보았다. 그 내용들을 드림 보드로 만들었다. 우리도 5년 후를 상상하며 워크지를 채워보자.

✏️ **예시 1**

나의 미래

- 나는 5년 후 아이가 2학년이 되었을 때 전문직으로 다시 일을 시작해 한 달에 300만 원을 벌고 재테크를 훌륭히 한다. 자신감 있고 능력 있는 여성이 된 듯해 뿌듯하고 자랑스럽다.

- 나는 3년 후까지 취업 관련 자격증을 따고, 그 분야에 대해 전문가 수준의 지식을 획득한다. 아이들을 돌보며 시간을 쪼개 나를 위해 투자하고 미래를 준비하는 내가 만족스럽다.

- 우리 가족은 매주 토요일에 함께 저녁을 먹으며 감정과 상황을 나누는 문화를 즐긴다. 가족들과 감정을 이야기하고 공감 받는 시간이 안전하다고 느껴진다.

- 4년 후 10월, 30평대의 아파트로 이사를 간다. 넓은 공간에서 아이들이 즐겁게 노는 것을 보니 행복감이 느껴진다.

✏️ **예시 2**

나의 미래

- 나는 감정에 대해 날마다 탐색하고 공부를 더 해 1년 후 아이들의 마음에 공감을 잘하는 엄마가 된다. 노력한 만큼 바뀌고 공감할 수 있게 되어서 성취감이 느껴지고 할 수 있다는 자신감이 생긴다.
- 2년 후 난 청소년 상담사 3급 자격증을 딴다. 본격적으로 일을 해볼 수 있을 것 같아서 설렌다.
- 3년 후 아이들과 방학 때마다 봉사를 한다. 엄마의 말을 존중해주는 아이들이 고맙고, 봉사하면서 행복해하는 아이들을 보니 든든함이 느껴진다.
- 부모님을 모시고 시드니에 사는 시동생 집에 간다. 난 이제 경력단절 여성이 아닌, 월 500만 원을 버는 여사장이 되어 있기에 가능하다. 건강하실 때 함께 갈 수 있어서 다행이라는 생각이 든다. 매우 행복해하시는 모습을 볼 수 있어서 "참 잘했다"라며 스스로를 칭찬한다.

엄마들은 5년 안에 이루고 싶은 것들을 열심히 적었고, 그 꿈들이 얼마나 아름다운지 보기만 해도 행복해졌다. 꿈을 적는 작업을 마치고는 도화지에다 잡지를 오려 붙여 자신이 꿈꾸는 상황들을 구체화했다. 눈에 보이도록 시각화하는 작업을 한 것이다. 15분 정도 부지런히 비슷한 이미지를 찾아 자르고 붙였다. 엄마들의 기운찬 에너지가 느껴졌다. 우리는 언제나처럼 작업한 것을 들고 한 사람 한 사람 발표했다.

"저는 5년 후에 새로운 일을 시작했어요. 그리고 제 차를 몰고 다녀요. 살이 5킬로그램 빠져서 엄청 예뻐집니다. 여기 붙인 이 여자처럼요. 그리고 아이가 너무 잘 자랐어요. 대화도 잘하고, 건강하고 행복하게 지내요. 인테리어를 예쁘게 한 새집으로 이사도 갔어요."

밝은 표정으로 5년 후를 이야기하는 엄마들의 얼굴에 희망이 가득해 보였다.

"저는 우리 아들의 미래를 생각해봤어요. 아들이 친구들과 엄청 잘 지내고 있어요. 그리고 자신이 가고 싶은 대학엘 갔어요. 전 자유롭게 책도 읽고 글도 쓰고 일이 지금보다 더 잘되어서 수입도 5배 늘었어요. 여기 이 사진은 해외로 여행 간 모습이에요. 가족들끼리 1년에 한 번 여행하고 있어요. 그리고 여기 있는 음식 사진은 몸에 좋은 먹거리예요. 제가 그동안은 못 했었지만 가족들에게 좋은 음식을 만들어줘 가족 모두의 건강을 지키는 데 도움을 주며 지내요."

한 사람 한 사람 발표를 할 때마다 우리가 할 수 있는 가장 큰 소리의 박수로 삶을 응원했다. 그리고 이 모든 것이 현실이 되길 간절하게 바라보자고 이야기했다. 집요하게 목표를 가지고 움직여보자는 이야기를 나누었다. 진짜 5년 후에 우리가 상상하는 모습을 갖자는 의지가 강렬하게 묻어나는 대화들을 나누었다.

마틴 루터 킹은 말했다. 믿음이라는 것은 계단 끝이 보이지 않을 때도 첫걸음을 내딛는 것이라고. 난 엄마들의 상상이 현실이 될 날을 상상해보았다. 이제 곧 엄마들의 상상대로, 믿음대로 그 의식들이 현실이 되어 그것이 진실임을 증명해내리란 것이 느껴졌다.

✏️ 직접 해보기

나의 미래

1년 후 :

3년 후 :

5년 후 :

아인슈타인은 말했다.

'당신이 상상하고 있는 것은 당신이 살게 될 멋진 인생을

보여주는 영화의 예고편과 같다'라고.

4장

감정 공부로 찾아온 기적,
자신을 사랑하고
아이와 공감하는 엄마 _____

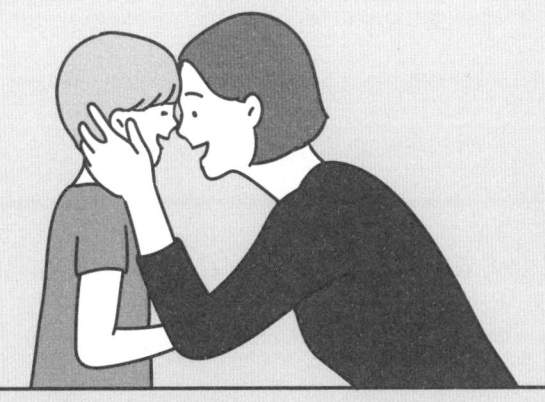

감정 공부로 찾아온 기적, 자신을 사랑하고 아이와 공감하는 엄마

나에게 미안해, 그리고 사랑해

이 책에 소개하고 있는 것처럼 나는 감정을 보는 작업을 끊임없이 했고, 그 감정의 이유를 찾아갔고, 내 기억들과 용기 있게 만났다. 살아오며 쌓아온 지혜로 누군가에게 상처 주었을지 모르는 잘못에 대해 용서를 구했다. 내가 느끼고 생각하는 잘못부터 기억 속에 표류하던 잘못까지 인정했다. 그리고 남들에게 이야기할 수 없었던 수치스러운 부분들을 이야기하며 내 모습 그대로를 직시했다.

다시 거울을 보았다. 남을 이해하듯 나를 이해하게 되었다. 그럴 수밖에 없었던 나를 있는 그대로 인정해주었다. '그럴 수밖에 없었네.' '그 삶에서 최선을 다했네.' '그렇게라도 버틴 거네.' 그런 작업을 한 후에야

난 나를 꼭 안아줄 수 있었다. 내가 무엇인가를 더 잘하게 되어서가 아니었다. 그저 지금 그대로의 모습을 인정할 수 있게 된 것이었다. 그리고 깨달았다. 내가 나를 비판하는 동안 내 안의 나는 얼마나 아파했을까. 내 안의 나에게 미안했다. 아주 많이.

그때의 경험은 매우 특별했다. 비로소 나는 내가 되는 것 같았다. 땅속 깊이 뿌리를 내리게 된 것 같았고, 단단해지는 게 느껴졌다. 내면의 아이가 자라 지금의 나와 같아지는 게 느껴졌다.

그 후로 내 안의 나를 상상하면 단단하고 빠르고 당차고 힘 있고 씩씩한 모습이 보인다. 예전처럼 징그럽게 보이거나 하지 않는다. 심장에서 엄청난 에너지를 뿜어내고 있는 것만 같다. 한쪽 팔을 높이 들어 날아오를 준비를 끝낸 강철 로봇처럼 말이다. 외모도 성격도 하는 일도 그대로지만, 나를 이해하는 정도가 바뀌었고 나를 인정하는 힘이 달라졌기 때문이다.

나를 온전히 안아준 후 큰 평화가 찾아왔다. 심장이 더 따뜻해졌고, 객관적으로 상황들을 볼 수 있었으며, 순간순간 나를 느끼며 파악하고 있었다.

이런 작업이 끝나자 내가 경험하고 있는 모든 것에 감사하기 시작했다. 남을 평가하는 관점을 내려놓고 있는 그대로 바라보는 가치관을 갖기 위해 노력하면서….

이는 비단 나에게만 해당하는 이야기는 아니다. 감정 공부를 한 엄마들은 매사에 더 많이 감사하게 되었고, 자신의 존재를 인정하기 시작했다. 스스로 채찍질하던 모습을 내려놓고 자신의 모습 그대로를 인정하고 이해하고 안아주게 되었다.

그녀들은 더 예뻐졌고, 더 용감해졌다. 누군가의 기준에 맞추기 위해 닦달하던 모습이나 누군가가 원하는 대로 살아가던 모습이 아니라 자기 내면의 소리를 듣는 모습으로 변화되었다. 더러는 직업을 찾았고, 대부분은 아이와의 관계가 더 좋아졌으며, 부부 사이가 좋아지기도 했다. 또 개인적으로는 자신의 능력을 믿고 새로운 꿈을 꾸는 모습이 되어갔다.

엄마들이 자신을 받아들이고 인정하고 안아주는 데는 그리 오래 걸리지 않았다. 감정 공부를 하고 나서 몇 개월이면 충분했다. 엄마들은 자신의 본질과 만나 깊이 연결되면서 자신의 힘을 느끼고 알아가기 시작했다. 비로소 뿌리를 내리고 있었다.

이제 "나는 나를 사랑해"라고 스스로 자랑스럽게 이야기하게 되었다. 그 담담함 속에서 강인함과 부드러움과 유연함과 당당함이 보였다. 그녀들이 지니고 있던 본래의 색들이 발현되기 시작했다. 나비가 되어 꽃에서 꽃으로 사랑을 전하고 싶어 하던 엄마들의 날갯짓이 시작된 것이다.

8일간의 감정 공부, 진짜 공감의 시작

이제 진짜 공감하기가 시작되었다. 공감 연습을 할 때 다음의 9가지를 체크하자.

공감 체크리스트

1. 내가 내 호흡을 느끼고 있는가? 내 감각을 느끼고 있는가?
2. 아이의 말을 내 관점과 가치관을 내려놓고 들을 준비가 되었는가?
3. 아이가 나에게 감정을 표시하고 있다는 것을 감사하며 받아들일 수 있는가?
4. 아이의 표정, 목소리, 동작, 호흡 등이 느껴지는가?
5. 아이에게 눈을 맞추고 있고 아이의 말을 잘 듣고 있다는 것을 미러링과 표정으로 표현하고 있는가?
6. 아이의 이야기를 들으며 아이가 겪은 상황에서 아이가 느낀 감정을 느끼고 있는가?
7. 아이의 마음이 이해가 되는가? 아이가 느낀 감정을 감정 단어로 표현할 수 있는가?
8. 아이가 겪은 상황 속에서 아이의 행동이나 마음의 긍정적 부분을 관찰해 이야기해줄 수 있는가?
9. 아이의 모든 감정을 수용하고 아이에게 행동의 한계를 안내해야 할 때 수용되지 않는 행동에 대해 안내하는가?

첫 번째, 심호흡을 통해 자신의 숨을 느낀 후, 눈을 뜨고 보이는 것이 무엇인지 체크한다.

하나, 둘, 셋, 넷, 다섯 하며 숨을 크게 들이쉬고 하나, 둘, 셋, 넷, 다섯 하며 숨을 크게 내쉰다. 고요함 속에서 숨이 코로 들어가고 허파에 닿아 허파에 공기가 차고 빠지는 것을 느끼며 깊고 크게 반복적으로 숨을 쉰다.

공감하기에 앞서 가장 중요한 것은 숨을 쉬고 있는 자신을 느끼며 감각을 느껴보는 것이다. 감각이 살아 있지 않다면 아이가 아픔을 이야기해도 기쁨을 이야기해도 강도의 차이를 느낄 수 없고, 아이의 말이 마음에까지 도착하지 않기 때문이다.

두 번째, 자신의 관점과 가치관을 내려놓고 들을 수 있는지를 체크한다.

관점과 가치관은 경험을 통해 축적된 지혜의 산물일 수도 있겠지만, 아이에게 맞춤 제작된 관점과 가치관은 아니라는 것을 인정하는 것이다. 자신의 틀에서 벗어나 아이를 바라볼 때 아이의 말을 끝까지 들을 수 있고 '그렇게 하면 안 되지'라는 말을 먼저 하지 않을 수 있다. 자신의 관점과 가치관을 내려놓는 일은 쉬운 듯 보이지만, 잘 안 되기 때문에 연습과 알아차림이 필요하다.

세 번째, 아이가 감정을 표출하고 싶어 용기 내고 있음을 인정한다.

'그래도 엄마가 가장 안전하다고 느끼기에 자신의 감정을 엄마에게 표출하고 있구나!'라고 느껴본다. 아이의 투정이나 씩씩거림도, 거칠게 가방을 내던지는 행동도, 소리를 지르는 것도 모두 '엄마, 저 하고 싶은 말이 있어요'라고 표현하는 것이다. '엄마, 저 좀 속상해요'라는 신호를 보내는 것이다.

아이가 보내는 신호를 받고 있다면 아이가 엄마를 믿는 것이다. '엄마! 난 이유가 뭔지 모르겠는데, 짜증이 날 때 엄마에게 이야기하고 싶은 것 같아요'라는 말이다. '엄마가 들어볼게, 너의 이야기를'이라는 마음을 갖게 되면 소통은 시작된다.

네 번째, 아이의 표정, 목소리, 동작, 호흡 등을 느낀다.

아이의 말에 과몰입되어 엄마가 더 흥분하거나 아이가 말하는 태도에 예민하면 아이의 숨결, 아이의 표정, 아이의 동작, 눈동자의 흩어짐 등을 볼 수가 없다. 자신을 계속 느껴가면서 아이의 표정과 동작과 눈빛과 전체적인 에너지를 파악한다. 아이의 감정이 어떤지를 볼 수 있으면 된다.

아이는 입으로만 말하지 않는다. 온몸과 온 에너지를 동원해 이야기한다. 아이를 관찰하고 느끼려면 자신의 상태를 보고 느낄 수 있어야 하고 아이를 보고 느낄 수 있어야 한다.

다섯 번째, 아이의 말을 잘 듣고 있음을 표현한다.

'내가 너의 말을 잘 들었다'는 표현으로 가장 좋은 방법은 들은 대로 아이에게 다시 들려주는 것이다. '~했다는 거지?', '~라고 말한 게 맞니?'라고. 예를 들어보자.

"엄마, 학교에서 친구랑 싸우게 되었는데 친구가 나한테 욕을 해서 나도 욕을 잔뜩 했어."

"학교에서 친구랑 싸우게 되었는데 친구가 너에게 욕을 해서 너도 친구에게 욕을 잔뜩 하게 되었다는 거구나."

사실 참 쉬워 보이는 이 작업을 어려워하는 엄마들이 많다. 똑같이 말하고 있다고 생각하지만 다르게 이야기하게 되는 경우들도 많다. 자기 생각과 견해를 더하지 않고 들은 이야기를 그대로 상대에게 들려준다는 것은 많은 연습이 필요하다.

"무엇 때문인지 모르겠지만, 내 이야기를 듣는 것 같지가 않아요."

이런 반응이 온다면 앞에서 말한 4가지가 잘 되고 있는지 체크해야 한다. 심장 호흡을 하면서 자신의 심장과 감각을 느낀 후, 가치관과 관점을 내려놓고 아이의 입장이 되어 있는지 다시 한번 체크한다. 천천히 숨을 들이쉬고 내쉬며 아이를 바라보고, 아이가 경험했을 상황을 상상하며, 아이가 한 말을 천천히 자신의 입을 통해 들려주면 된다. 자신이 아이의 입장이 되어 느껴볼 때 앵무새 같은 느낌이 들지 않는다.

여섯 번째, 아이가 겪은 상황에서 아이가 느꼈을 감정을 자신이 경험하는 것처럼 느껴본다.

다섯 번째를 잘하고 있다면 여섯 번째는 저절로 된다. 아이의 말을 그대로 듣다 보면 상상력이 우리를 아이가 겪은 현장으로 안내한다. 아이가 하는 이야기를 따라가고 그 상황 속에서 아이가 느끼는 감정을 쫓다 보면 분노, 수치심, 괴로움, 외로움 등 아이가 느꼈을 감정들을 느끼게 될 것이다. 그때 우리는 자신에게 느껴졌던 감정들을 이야기할 수 있다.

"엄마라면 이런 기분이 들었을 것 같은데 넌 어땠어?"

"○○가 이런 기분이 들었을 것 같은데 어떤 것 같아?"

그리고 그 상황에서는 당연히 그 감정을 느낄 수 있다는 것을 알려주면 된다.

"그래, 그런 상황에서는 화가 날만 했네. 누구나 그 상황에서는 화가 났을 것 같아."

엄마들을 만나다 보니 이 공감 작업이 잘 안 되는 경우는 크게 두 가지로 나눌 수 있었다. 하나는 아이의 상황에 대한 정보가 미약한 경우이다. 어떤 상황인지 구체적으로 알고 있지 못하는 것이다. 잘 모르는 상황에서는 공감할 수가 없다. 섣부른 공감은 상대의 마음에 닿지도 않을 뿐만 아니라 진정성이 전달되지 않는다.

그래서 우리는 상황과 감정에 초점을 맞춰 질문함으로써 좀 더 많은 정보를 알아낼 필요가 있다. 그 상황에 있는 아이의 감정을 이해할 수 있도록 궁금증을 가지고 아이가 겪었을 상황과 감정에 대해 질문하는 것이다. 이때 상상의 힘은 매우 중요하다. 그 상황 속에 있는 것처럼 상상으로 상황을 재현해낼 수 있다면, 아이가 어떤 기분을 느꼈는지, 어떤 부분이 화가 났는지, 특히 힘들었던 부분은 무엇이었는지, 아이의 마음을 느끼는 게 좀 더 쉬워진다. 아이의 이야기를 온전히 듣고 상상하며 들어줄 때 아이는 조금씩 자신이 느꼈던 깊은 감정을 이야기하기 시작한다.

또 하나는 아이가 하고 싶은 말들을 다 표현하기 전에 성급하게 엄마가 아는 해법으로 해결책을 제시하는 경우이다. 어른이기에 다양한 경험을 통해 아이보다 더 지혜로운 결정과 행동법을 알고 있을 수 있다. 그러나 어른의 해법을 정답처럼 제시하는 것은 아이의 성장과 통찰을 위해 도움이 되지 않는다. 우리가 자라면서 많은 경험을 하고 성인이 된 것처럼 아이에게 찾아온 경험은 아이에게 지혜를 선물하는 시간이 된다.

주체는 엄마가 아니라 아이다. 아이가 스스로 문제의 해결책을 발견해갈 수 있도록 엄마는 도화선 역할을 해주면 된다. 아이를 믿고 지지자로 단단히 서서 아이의 이야기를 공감하며 들어줄 때 아이는 신비롭게도 스스로 답안을 찾는다.

일곱 번째, 아이가 느낀 감정을 감정 단어로 들려준다.

자신이 느끼고 있는 감정이 어떤 것인지 구체화하면 한결 편안해진다. 시험을 앞둔 아이가 밥을 잘 먹지 못하고 불안해하고 있다면 아이의 당시 기분을 물어본다. 그리고 "맞아. 시험을 앞두고 있으면 숨도 빨리 쉬어지고, 밥맛도 없고, 집중도 잘 안 되고 그렇지. 그런 걸 긴장감이라고 해"라고 말해주는 것이다. 그럼 아이는 복잡한 그 상황을 긴장감이라는 단어로 좀 더 명쾌하고 간결하게 받아들일 수 있다.

여덟 번째, 상황 속 아이의 모습에 대해 긍정적인 관점으로 이야기한다.

아이가 하고 싶은 말을 충분히 나누었다고 느껴질 때 자신을 자책하거나 상대를 원망하거나 하는 아이에게 조금 더 너른 관점을 가질 수 있도록 엄마가 바라보는 긍정적 관점을 넌지시 이야기한다.

"급식시간에 너보다 훨씬 큰 친구가 새치기하는 걸 보고 화를 참지 못해 친구랑 싸워서 기분이 안 좋구나? 엄마 생각에, 보통은 키도 크고 덩치도 큰 친구에게는 하고 싶은 이야기를 잘 못 하는데 ○○는 자기 생각을 말할 줄 아는 용기가 있었네."

이렇게 말이다.

아홉 번째, 아이의 모든 감정을 수용하고 난 후, 상황에 따라 필요한 행동의 한계를 설정할 수 있게 한다.

아이의 행동수정이 필요할 때 이를 안내해줄 수 있어야 한다.

"엄마는 ○○가 화가 너무 났었던 게 충분히 이해가 되네. 그런데 화가 난다고 물건을 던지는 건 안 돼."

상황에 따라서는 공감으로 끝나도 되는 내용이 있고, 행동수정까지 안내하면 좋은 내용이 있다. 잊지 말아야 할 것은 아이에게 행동의 한계를 안내하는 일은 아이가 하고 싶은 말을 다 하고 충분히 공감 받은 다음에 해야 한다는 것이다. 모든 감정은 수용될 수 있지만 모든 행동이 다 수용되는 것은 아니다. 어른으로서 아이에게 적절한 행동을 안내할 수 있어야 한다.

아홉 가지 연습을 모두 마친 후 대화를 하면 아이는 공감 받는 느낌을 받을 수 있다. 공감 받은 아이는 마음에 감정 찌꺼기가 생기지 않으며, 자신의 감정을 파악하고 어떻게 행동해야 할지 선택하는 힘이 생긴다. 자신에 대해 알아차려 자신과도 조율하고 남과도 조율하는 정서 지능이 높은 아이가 되는 것이다.

정서 지능이 높은 아이는 행복한 삶을 살게 된다. 우리가 바라는 것은 아이의 행복이 아니던가? 그래서 우리는 더욱더 힘을 내 공감하는 연습을 할 필요가 있다. 공감 받아본 아이는 공감할 줄 알게 되기 때문이다.

이제야 들리기 시작하는
아이의 말

한성이 엄마는 감정 공부 마지막 날 이렇게 말했다.

"다른 건 잘하지 못하더라도 아이의 행동보다 감정 먼저 보는 건 꼭 하고 싶어요. 또 아이의 말을 잘 듣고 거울처럼 아이가 한 말을 그대로 아이에게 전달하며 '내가 너의 말을 잘 듣고 있다'는 것을 알게 하고 싶어요."

마지막 수업을 끝내며 꼭 실천해보고 싶은 것으로 이런 걸 적었던 한성이 엄마로부터 며칠 후 문자가 도착했다.

"선생님 감사해요. 요즘 아이와 대화가 정말 많아졌어요. 남자아이라서 말이 없나 했던 한성이가 이제 저랑 많은 이야기를 나누게 되었어요."

아이와 대화가 잘 안 돼 고민하던 한성이 엄마였다. 의지와 열정, 한성이에 대한 사랑으로 곧 깊은 소통을 시작할 수 있을 것이라고 예상하긴 했다. 그러나 변화가 이렇게 빨리 찾아올 거라고는 생각하지 못했다. 문자를 보내준 것이 고마워서 바로 답변문자를 보냈다.

"한성이와 대화가 잘되고 있군요. 축하드려요."

이어진 문자를 보면서 어떤 부분이 특히 두 모자의 관계를 변화시켰는지도 알 수 있었다.

"미러링을 정말 열심히 해보았어요. 그전에는 아이의 말을 따라 하는 것이 미러링이라고 생각했는데, 아이의 입장이 되어서 천천히 아이의 말을 있는 그대로 전달하다 보니 한성이가 느꼈을 감정이 느껴졌어요."

한성이 엄마가 한 건 바로 공감이었다. 한성이 엄마는 아이의 행동을 먼저 보는 것이 아니라 아이가 무엇 때문에 그렇게 행동했는지 궁금해 하기 시작했고, 질문하며 아이의 상황을 탐색했다. 그러다 보니 아이의 입장을 이해하게 되었다. 아이의 마음이 담긴 말을 듣고 아이의 감정을 느끼기 시작한 것이다. 한성이 엄마가 했다는 미러링은 다음의 예시처럼 해볼 수 있다. 유치원에 가고 싶지 않은 아이와 엄마의 대화이다.

아이 : 엄마, 오늘은 엄마랑 계속 같이 있을래.

엄마 : 오늘은 엄마랑 계속 같이 있고 싶다는 거네.

아이 : 응, 엄마랑 같이 있을 거야."

천천히 아이의 말을 따라 하다 보면 궁금하거나 호기심이 생기는 부분이 있을 것이다. 그렇다면 그 부분을 물어보는 것도 좋다. 주의해야 할 것은 '유치원에 보내야 하는데'라는 생각으로 아이의 생각을 바꾸겠다는 목표를 가지고 질문하면 안 된다는 것이다.

엄마 : 엄마랑 같이 종일 있을 수 있다면 무엇을 하고 싶은데?

아이 : 엄마랑 많이 잘 거야. 그리고 엄마랑 과자 만들 거야.

엄마 : 엄마랑 좀 더 자고, 그다음엔 과자 만들고 싶어?

아이 : 응, 민지처럼! 엄마랑 과자 만들어서 먹었는데 엄청 맛있었대. 마트에서 파는 거랑 다르다고 했어. 나 꼭 먹어보고 싶어.

미러링을 할 때는 심장 호흡을 하며 아이가 무엇 때문에 그렇게 생각했는지에 대해 탐색해본다. 아이의 기분을 느낄 정도로 탐색이 되었다면 아이의 상황과 마음이 조금은 이해될 것이다. 아이에게 들은 이야기를 자신이 창작하거나 살을 덧붙이지 말고 그대로 다시 아이에게 전달한다. "엄마는 네가 ~라고 말한 이야기를 들었어. 맞니?" 엄마의 차분한 목소리를 통해 아이는 자신에게 일어났던 일을 객관적으로 바라보게 되기도 하고, 더 많은 이야기를 하고 싶은 마음을 갖게 되기도 한다.

엄마 : 엄마랑 과자를 만들어서 먹어보고 싶은 거구나, 민지처럼.

아이 : 응, 맞아.

엄마 : 민지가 엄마랑 과자 만들어 먹었다고 한 이야기 들었을 때 기분이 어땠어?

아이 : 부러웠어. 나도 엄마랑 과자 만들면서 많이많이 놀고 싶어.

엄마 : 과자를 만들어서 먹어보고 싶은 거야, 엄마랑 더 많이 놀고 싶은 거야?

아이 : 민지처럼 유치원 끝나면 엄마랑 매일매일 같이 놀고 싶은 거야.

아이는 엄마랑 과자를 만들어서 먹어보지 못했던 맛을 느껴보는 것보다 엄마랑 과자를 만들며 함께 시간을 보내고 싶은 마음이 더 크다는 것을 알게 되었다.

엄마 : 우리 딸 마음이 엄마 마음이랑 똑같구나. 엄마도 회사 가지 않고 딸이랑 같이 놀고 싶어. 근데 오늘은 목요일이잖아? 엄마가 목요일 하고 금요일은 회사에 가고 토요일, 일요일은 회사에 가지 않아. 우리 그때 같이 과자도 만들고 많이 놀기도 하면 어떨까?
아이 : 그럼 오늘하고 내일 지나면 엄마랑 같이 계속 놀아?
엄마 : 그럼, 그렇게 하면 되지.
아이 : 엄마, 좋아.

엄마가 아이의 마음 깊은 곳을 이해하는 대화를 나누고 나니 아이 얼굴은 금세 밝아진다. 누구든 대화를 하지 않고 마음을 제대로 이해한다는 건 쉽지 않다. 미러링을 하며 천천히 아이의 마음을 이해하려 할 때 그제야 아이가 진짜 하고 싶은 말이 무엇인지 들리게 된다. 아이는 자신의 말을 더 잘 들어주는 엄마에게 더 많은 이야기를 하게 된다.

공감 받은 아이는 마음에 감정 찌꺼기가 생기지 않으며,

자신의 감정을 파악하고

어떻게 행동해야 할지 선택하는 힘이 생긴다.

자신에 대해 알아차려 자신과도 조율하고

남과도 조율하는 정서 지능이 높은 아이가 된다.

감정 공부로 찾아온 기적, 자신을 사랑하고 아이와 공감하는 엄마

기적 같은 변화를 불러오는 공감의 힘

긍정의 힘으로 아들을 변화시킨 찬혁이 엄마

8주간의 감정 공부 수업을 진행해야겠다고 결심하게 해준 찬혁이 엄마에게 수업에 참여하기를 권했다. 찬혁이 엄마는 흔쾌히 응했고, 먼 거리인데도 매주 빠지지 않고 나왔다. 첫 수업을 들은 후 찬혁이 엄마는 찬혁이 학교로 학폭위(학교폭력위원회)를 가야 한다고 했다.

"언제쯤 이런 데에 다니지 않을 수 있을까요?"

찬혁이 엄마는 힘들다고 했다. 그녀의 지친 마음이 표정에서 느껴졌다.

"과제 더 열심히 하시고, 멀리서 오시지만 8주 동안 꼭 함께해요."

나는 이야기를 더 강하게 했다.

수업을 진행해나가면서 그녀의 얼굴이 조금씩 환해지기 시작했다. 매일 하는 산책 과제를 꾸준히 하면서부터인 것 같다.

"오늘은 산책하고 잠시 커피숍에 들려 커피 향을 느끼고 왔어요. 5천 원이 아까워서 혼자서는 내 돈 내고 커피를 사 마신 적이 없었는데, 돈이 아깝지 않을 정도로 행복했어요. 아침 일찍 산책하는데 새소리와 맑은 공기가 기분 좋게 느껴졌어요."

찬혁이 엄마는 스스로 긍정적인 힘을 주는 방법이 무엇인지를 찾아 자신에게 선물하고 있었다. 산책하며 오감을 통해 행복을 느끼던 시간이 얼마 지나지 않아 아들과의 관계에서도 변화가 생겼다고 했다. 어느 순간부터 꽉 닫힌 아들의 방문이 열렸고, 함께 저녁을 먹는 시간이 생겼다고 했다.

그 이유를 알 것 같았다. 대화법을 바꾸고 긍정 에너지를 충전하며 사는 찬혁이 엄마의 목소리와 표정은 예전과 조금 달라져 있었다. 다시 말해 에너지가 달라져 있었다. 스스로에 대한 알아차림이 달라져 있었다. 그녀는 아들과의 관계가 좋아지길 바라며 눈물을 꾹 참던 힘만큼, 그 간절함만큼 과제도 수업도 실습도 열심히 했다. 자신을 사랑하기 위한 연습과 노력도 게을리하지 않았다. 그녀의 간절함이 노력이라는 과정을 통해 조금씩 삶에 드러나고 있었다.

찬혁이 엄마는 감정 수업이 끝난 후에도 가끔 소식을 전했는데 최근 다시 연락이 왔다.

"선생님, 아이가 저에게 미안하다고 이야기를…. 학폭위 자꾸 다니게 해서 미안하다고…. 이제 좀 덜 싸우고 자기 할 일도 좀 해보겠다고…."

그녀의 울먹이는 목소리에 기쁨과 감동이 담겨 있었다. 그 소식을 나에게 가장 먼저 전해주고 싶었던 것이다.

"기쁘시지요?"

덤덤한 척 말했지만, 전화를 받는 나도 기쁨의 눈물이 흐르는 건 마찬가지였다. 그녀의 행복한 마음이 느껴져서이기도 하고, 그동안 엄마의 노력을 알기 때문이기도 했다.

이제 시작된
남편과의 진실된 대화

라온이 엄마는 감정 공부 후 남편과의 관계가 놀랍도록 좋아졌다. 결혼한 지 7개월, 자신은 입덧으로 한참 힘이 들고 어지러움으로 몸도 힘든데, 퇴근 후 전화를 해도 받지 않던 남편이 단란주점에 있었다는 것을 알게 되었다. 그 후 서로 대화도 잘 나누지 않고 각방을 쓰게 되었단다.

임신 기간에는 여성의 신체 호르몬이 평상시와 다르게 분비되기 때문에 라온이 엄마에게 이 상황은 큰 상처가 되었을 만하다. 기억 속에 강력한 아픔으로 자리 잡고는 순간순간 찾아와 남편과의 관계에서 부정적으로 작용했을 것이다.

라온이 엄마는 마지막 편지를 쓰는 작업과 기억의 정리 작업을 통해 남편을 조금은 용서하고 이해하게 되었다고 했다. 단란주점과 관련해 어릴 적 자신에게 큰 아픔이 있었다는 것을 발견했고, 자신이 상황을 더 크게 느꼈을 수밖에 없다는 것을 이해했다. 단란주점에 갔다는 상황만으로 너무 화가 나고 대화하기가 싫었다는 그녀는 기억의 정리 작업을 통해 남편과 대화를 할 수 있는 여지가 생긴 것이다.

남편은 라온이 엄마의 아픔에 대한 이야기를 들은 후 온 마음을 다해 사과했다. 마음이 아팠을 텐데 이해해주지 못하고 오히려 더 아프게 했다고 자신이 부족했다면서 말이다. 그리고 대화를 할 수 없어 풀어내지 못했던, 라온이 엄마가 오해하고 있던 부분도 설명했다. 그 후 남편과의 관계가 많이 좋아졌고 좀 더 깊은 대화를 함으로써 이해의 폭이 넓어졌다고 했다.

그녀의 얼굴이 편안해진 걸 보니 라온이도 편하게 지내겠구나 싶었다. 미소를 살짝 머금은 라온이 엄마의 이야기를 들으며 그녀의 도전이 고마울 뿐이었다. 라온이 엄마는 5년 후 원만한 부부생활로 아이는 행복하게 자랄 것이고, 부부는 아이의 버팀목이 되어줄 것이라고 선언했다. 간절한 목표지점을 향해 가기 위해 용기를 내기 시작했고, 그 용기 덕분에 삶에서도 변화가 일어나고 있었다. 라온이 엄마는 자신을 위한 공부도 시작하며 5년 후의 꿈을 향해 달려가고 있었다.

엄마에게서 벗어나 자신의 삶을 찾은 보람이

보람이 엄마는 똑순이로 유명했다. 공부, 학원 스케줄 등 아이에 관련된 건 모두 보람이 엄마에게 물을 정도로 정보가 많았다. 보람이도 반에서, 학교에서 인정받고 있었다.

하지만 그녀는 '아, 그런 거였구나'를 연발하며 자신에 대해 알아차렸다. 아이가 1등을 놓치지 않도록 노력해 자녀 교육이 똑 부러진다는 소리를 들었는데, 이 모든 게 어쩌면 언니와 늘 비교되던 자신의 어린 시절에 대한 보상이었는지도 모르겠다는 이야기를 했다. 인정받는 언니의 모습이 늘 부러웠고 그래야 잘 사는 것으로 생각해, 언니처럼 살지 못하는 자신을 초라하게 여기고 괴롭혔다고 한다. 그래서 보람이만큼은 언니처럼 살길 바랐다고 한다. 본인이 겪었던 자괴감과 서러움을 아이는 느끼지 않고 행복하게 자라기를 바란 것이었다.

하지만 본인의 의지와 상관없이 엄마의 계획대로 움직이던 보람이는 사춘기가 되면서 엄마와 멀어졌다. 엄마가 자신을 얼마나 사랑하는지 알기에 엄마가 원하는 대로 움직였으나 대신 생기를 잃어버린 것이다.

보람이 엄마는 감정 공부를 하며 아이와 대화를 시도했고, 아이가 진짜 원하는 게 무엇인지에도 귀를 기울였다. 감정 공부를 통해 자신이 움켜쥐고 절대 놓지 않고 싶었던 것들을 자연스럽게 흘려보낼 수 있게 되었다. 아주 다행스러운 것은 이제 엄마가 하던 역할을 보람이가 스스로 한다는 것이다. 무엇을 배우고 싶은지, 무슨 과목을 어떻게 보충하고 싶은지 엄마의 계획이 아닌 자신의 계획을 스스로 세워서 했다.

보람이 엄마는 전보다 더 행복하다고 했다. 그리고 보람이도 행복해 한다고 했다. 이 작은 알아차림은 삶의 각도를 크게 바꾸었다. 보람이는 여전히 좋은 성적을 유지하고 있지만, 엄마를 위해 사는 것이 아니라 자신의 의지로 자신이 원하는 일을 하고 있다. 보람이 엄마는 보람이와 자신의 삶을 잘 분리하고 실존적으로 살아가는 중이다.

폭력적인 아버지에 대한 울분으로
아이에게 매를 든 재희 엄마

폭력을 행사하던 아버지와 그 상황을 외면하고 부엌을 바라보던 엄마를 지점토로 만들었던 재희 엄마는 화가 나면 어린 재희를 때린다며 엉엉 울었었다. 아버지의 모습 중 가장 원망스럽고 가장 싫어하던 폭력을 재희에게 하고 있었다는 것을 알아차렸기 때문이었다. 그녀는 재희에게 진심으로, 매우 정중하게 사과했다. 그러고는 그 후로 아이를 때리지 않았다. 멈출 수 있는 힘이 이제 그녀에게 생긴 것이다. 자신의 자유의지와 상관없이 과거에 의한 습관적 울분으로 아이에게 매를 들지 않게 된 것이다.

재희 엄마는 그 후 재희가 더 많이 웃고, 친구들과도 잘 지내고, 학업 성취도도 높아졌다고 했다. 또 예전엔 너무 화가 나던 일도 이제는 화를 내지 않고 잠시 호흡을 한 후 이야기할 수 있게 되었다고 했다. 지금도 감정 노트를 매일 쓰고 있다는 말도 했다. 감정은 투자한 시간만큼 더 알아차리게 된다. 재희 엄마가 얼마나 노력하고 있는지 알 수 있었다.

알아차림은 신의 선물이다

엄마들의 노력은 자신을 행복하게 만들었고 아이를 행복하게 만들었다. 아이처럼 울며 자신의 모습을 보던 엄마들의 이전 모습과 지금의 모습은 너무도 달랐다. 다시 고마움을 느꼈다. 감정 공부를 선택했던 엄마들의 용기와 노력, 그 귀한 알아차림과 실천들에 박수를 보낼 수 있는 오늘을 만들어낸 것에.

가끔 인문학 서적을 보다가 머리가 띵해지는 감동과 전율을 선물

받곤 했다. 하지만 이제는 삶이 인문학이라는 것을 안다. 엄마들의 삶에 잠시 함께 머무를 때 심장을 울리는 감동을 선물 받았다. 어제와 다른 행복을 만들어낸 엄마들의 이야기는 어떤 문학작품보다도 감동적이었다.

엄마들은 끈질기게 자신을 부여잡고 고치를 만드는 작업을 하고 있었다. 그래서 난 알아차림은 신의 선물이라고 이야기한다. 작은 알아차림은 자신을 행복하게 만들고 아이를 행복하게 만든다.

감정 공부로 찾아온 기적, 자신을 사랑하고 아이와 공감하는 엄마

공감으로 함께 성장하는 엄마와 아이

감정 공부는 본인의 의지가 이루어낸 기적이다. '당신이 해낸 것'이라는 나의 말은 진심이다. 우리는 8주간의 감정 공부를 통해 과거의 기억과 물려받은 양육, 가치관과 교육관 등을 살피고, 아픈 기억들과 용기 있게 만나 자신을 힘들게 했던 많은 기억을 정돈했다. 감정 공부를 하기 전 바람이 불 때마다 흔들리고 때때로 뿌리가 뽑히기도 했던 나약한 모습은 달라졌다.

엄마들은 자신의 내면에 수년 혹은 수십 년간 쌓여 있던 상처와 아픔들을 있는 그대로 쏟아 A4 용지를 빼곡하게 채웠다. 감정 수업에 참여한 엄마들은 과거 이야기들을 적게는 수십 장, 많게는 1백여 장의 워

크기에 담아낸다. 그리고 종이에 적힌 기억 속 감정과 상황을 보며 버릴 건 버리고 정리할 건 정리했다. 이 작업을 통해 엄마들은 중심을 잡는 힘을 선물 받았다. 이제 그들은 바람이 불어도 흔들리거나 뽑히지 않는다. 단단히 뿌리가 내려졌기 때문이다.

감정 공부를 마친 엄마들에게 아이를 잘 키워야 한다는 강박은 사라졌다. 아이와 자신이 분리된 존재라는 것을 알게 되었다. 자신의 존재를 수용했듯 아이를 온전히 수용해줄 수 있게 되었다. 엄마들은 이야기한다. 지금은 아이를 양육하는 것도, 새로운 감정들이 찾아오는 것도 두렵지 않다고. 그저 바라보며 알아차리고 선택하면 된다는 걸 알게 되었다고.

Fear(두려움)란 False Evidence Appearing Real의 약자다. '실제처럼 보이는 가짜 증거'라는 의미이다. 수시로 눈물을 흘리던 엄마들은 가짜 기억 속에서 현재를 살지 않을 수 있게 되었다. 더 이상 자신의 욕구를 아이들에게 바라며 치유되기를 원하는 엄마가 아니라 아이의 욕구를 채워줄 수 있는 엄마로 성장했다. 엄마들은 더 이상 두렵지 않다고 말하며 그 성장을 스스로 증명하고 있었다. 치유는 누군가가 나의 욕구를 충족시킬 때 일어나지만, 성장은 내가 누군가의 욕구를 충족시킬 때 일어난다.

기적 같은 변화는 우리가 생각했던 것보다 멀리 있지 않다. 우리가 생각했던 것보다 어렵지 않다. 엄마들은 그저 자신을 느끼는 연습을 했을 뿐이고, 자기감정의 이유가 무엇인지를 바라보았을 뿐이고, 아이에게 이야기하고 싶은 것을 조금 더 부드럽게 이야기했을 뿐이고, 아이의 표정과 말에 집중하며 대화를 했을 뿐이다. 그것은 몇 년간 꼭꼭 닫혀 있던 문을 여는 기적을 안겨주었다.

이유는 간단하다. 아이도 엄마와 대화를 하고 싶었고, 엄마의 사랑을 확인하고 싶었고, 엄마와 행복해지고 싶었고, 사실은 엄마와 더 좋은 관계를 만들고 싶었던 것이다. 단지 엄마가 먼저 노력해주었고 먼저 바뀌기 시작했을 뿐이다.

우리가 어떻게 공감해야 할지 모를 때는 모든 것이 어렵게 느껴진다. 그러나 실천해야 하는 것이 있을 때는 그것이 좀 더 구체적으로 그려진다. 기적은 실천을 통해 온다. 기적은 공감하는 연습을 통해 온다. 기적 같은 변화는 내 마음을 나처럼 느끼는 누군가로부터 공감 받았을 때 시작된다. 그래서 우리는 오늘도 공감하는 엄마가 되기를 원하는 것이 아닌가.

완벽하지 않아도 괜찮아, 빠르지 않아도 괜찮아

물이 맑고 산이 아름답기로 유명한 곳에 외할아버지 댁이 있었다. 어릴 적에 그곳에서 염소가 태어나는 것을 처음으로 보았다. 겁이 많던 나와 동생은 염소가 태어나는 것을 돕는 이모 곁에서 숨죽이며 앉아 있었다. 짙은 어둠 속, 어미 염소의 신음이 몇 번 들리더니 툭 하고 검은 생명체가 태어났다. 그 생명체는 잠시 꼼지락거리는가 싶더니 곧 비틀거리며 걷기 시작했다. 처음으로 목격한 생명의 탄생이었다. 그때의 경이로움이 잊히지 않는다.

나중에 그 모습을 떠올리며 문득 궁금했다. '염소는 태어나서 혼자 일어나 걷는데, 왜 인간은 누군가의 돌봄을 받아야만 일어서고 성장할 수 있는 걸까.' 그러나 인간에 대해 공부하고 탐구할수록 '그래서 인간이 더 아름답게 성장하는구나'라는 결론을 내리게 됐다. 그 어떤 생명체보다 연약하게 태어난 우리는 누군가의 도움을 받아 성장한다. 때로는 자연이, 때로는 지인이, 때로는 책, 사회, 경험이 지혜가 되어 우리를 성장시키고 일어서게 한다. 그 과정은 죽을 때까지 이어진다.

엄마가 되면 아이와 함께 성장하는 기회를 부여받는다. 아이는 엄마를 통해 성장하고, 엄마는 아이를 통해 성장하는 것이다. 엄마가 되지 않았다면 결코 몰랐을 경험들을 선물 받는다.

엄마는 아이가 한순간에 훌쩍 자라기보다 행복하고 건강하게 모든 과정을 느끼며 자라길 기대한다. 그렇듯이 아이 역시 엄마가 건강하고 행복하게 한 뼘 한 뼘 성장하길 바랄 것이다. 둘 다 서로가 빠르게 완성되길 원하는 것은 아닐 테니 말이다.

조금 어색해도 괜찮다. 아이는 엄마가 심장으로 응원하는 에너지를 느낀다. 완벽하지 않아도 괜찮다. 엄마의 적은 노력에도 아이는 '나를 사랑하고 있구나' 하고 느낀다. 모든 걸 알고 있지 않아도 괜찮다. 어설프게 시작된 대화라도 진솔하다면 아이의 마음을 열고도 남을 것이다.

관계가 건강해지기 위해서는 두 발로 설 때까지 서로 돌봄의 시간이 필요하다. 조급할 것 없다. 하루에 하나씩 좋지 않은 언어 습관을 바꿔가겠다는 생각만으로 충분하다. 하루에 하나씩 무심코 떠오르는 부정적 사고를 긍정적 에너지로 바꾸겠다는 생각만으로도 훌륭하다. 아이와의 대화를 두려워하는 대신 '아, 아이가 나와 이야기를 하고 싶구나!' 하고 환영하는 마음을 가지는 것만으로도 이미 성장은 시작된 것이다. 그렇게 서서히 아이를 이해하는 방법들로 방향을 바꿔가면 된다. 아이 덕분에 성장을 맞이하고 있는 이 순간에 감사하면서 말이다.

자신의 꿈을 찾아
기지개를 켜는 아이

"저는 요리사가 되고 싶어요. 제가 만든 요리를 먹고 사람들이 행복해지면 좋을 것 같아요."

아들이 고2가 되던 해에 처음 들은 고백이다. 아들은 외국에서 중학교를 다녀서 한국을 그리워하던 한국 친구들이 많았다. 낯선 땅에서 공부하고 있는 친구들이 몸이 아플 때 아들이 해준 한국 음식을 먹고 '엄마의 맛'이라며 건강을 빠르게 회복했단다. 음식으로 친구들의 건강을 찾아준 경험이 요리에 매력을 느끼게 한 것이다.

그때만 해도 요리사라는 직업을 가진 남자가 많지 않았다. 아들이 할 고생이 눈에 보이는 듯해 걱정스러웠으나 일단 지켜보기로 했다. '누구나 한 번쯤 색다른 꿈을 꾸지', '에이, 이러다 곧 그만두겠지' 하는 생각이었다. 그러나 가족들의 그런 생각에도 불구하고 아들은 요리에 엄청난 열정을 쏟았고, 세계적인 요리대회에 나가 금메달을 따왔다.

"힘들지 않니?"

"요리할 때 정말 신이 나요. 행복해요."

아들은 늘 이렇게 답변하곤 했다. 그리고 가족과 떨어져 머나먼 땅 스페인의 요리학교에서 요리를 공부하고 돌아왔다.

"엄마 오늘 저녁에 ○○ 음식점에 가요. 제가 예약해두었어요."

스페인에서 돌아온 지 얼마 안 된 아들의 데이트 신청에 무척 설레었다. 음식점에 도착하자 독특한 분위기 속에서 저마다 행복한 미소를 지으며 식사하는 사람들의 모습이 보였다. 맛있는 요리가 나올 때마다 하나하나 설명해주는 셰프들의 이야기를 듣는 것도 적잖은 재미가 있었다. 식사하며 다음 요리가 나오기를 기다리는 동안 아들로부터 스페인에서 배운 분자요리에 대한 이야기를 듣기도 하고, 친구들과 함께 50여 명에게 음식을 만들어 봉사했던 이야기와 함께 땀 흘려 일했던 그때 사진을 보기도 했다. 아들의 일상을 들으며 맛있는 음식을 먹는다는 건 참 행복한 일이었다.

"이건 어머님에게 오늘이 특별한 날이라고 해서 저희가 드리는 선물이에요."

후식을 먹을 때쯤 종업원이 예쁜 케이크를 식탁에 내려놓으며 말을 건넸다. 그리고 포장된 상자 하나와 꽃다발을 건네며 덧붙였다.

"그리고 이건 아드님이 준비하신 선물이고요."

전혀 예상치 못했던 일이다. 오랜 시간 떨어져 지내느라 엄마의 생일을 제대로 챙기지 못했던 아들이 이번에 생일 축하 이벤트를 마련한 것이었다. 순간 당황스러웠으나 행복했다. 선물과 꽃을 받은 그때의 감동이란… 아들이 엄마를 위해 준비한 이벤트로 마음이 따뜻해졌다. 선물 위에 살포시 놓인 축하카드를 읽자니 눈과 심장이 더 뜨거워지는 것이 느껴졌다.

"아들아, 고마워."

"아니에요. 제가 훨씬 더 감사해요."

감정을 공감 받은 아이가
사랑할 줄 안다

지금은 과거가 되었지만 사실 내가 미술치료를 공부한 것도, 감정에 대해 공부한 것도, 심리학에 대해 깊은 관심을 갖게 된 것도 어찌 보면 '아들을 잘 키우고 있는 게 맞을까?'라는 불안감에서 시작되었다. 불안감이 생긴 것은 아들과의 소통이 잘되지 않는 것 같은 느낌 때문이기도 했고, 아들을 문제가 있는 것처럼 바라보던 나의 관점 때문이기도 했다. 그래서 더 공감하는 방법을 알고 싶었고, 더 잘 대화하고 싶었고, 마음이 건강한 아이로 키우고 싶었다.

감정 공부를 하면서 가장 크게 바뀐 것이 있다면 아들을 믿는다는 것이다. '이렇게 하면 잘못 자라는 거 아닌가?', '아들의 저런 모습은 좀 고쳐줘야겠다'가 아니라 아들의 이야기를 듣고 이유를 듣고 상의를 하고 지지를 하고 좀 더 나은 방향을 안내하면서 아들과 조율을 시작하게 되었다. 그저 아들에게 믿음이 갔다. 그게 다였다. 그렇게 흔들리지 않는 믿음을 가지고 아들이 힘들 때 힘이 되었으면 좋겠다는 생각으로 공감하는 대화를 시도해왔을 뿐이다.

변화의 폭은 시간이 지날수록 더 넓어졌다. 내가 아들을 믿어주는 순간 아들은 나의 믿음처럼 성장했고, 엄마 마음을 누구보다 잘 느끼며 공감할 줄 알았다. 대인관계도, 자신의 일도 멋지게 척척 해내는 모습으로 자라갔다. 사랑으로 시작된, 아들을 향한 공감은 다시 사랑의 향기를 담아 나에게로 그리고 타인에게로 흘렀다.

존재 자체를 인정받고 자신의 감정에 공감 받은 아이는 자신이 받은 인정과 공감을 사랑으로 표현한다. 공감 받은 아이가 지닌 향기는 사랑의 향기가 되어 다시 누군가에게 전달된다. 사랑의 기술은 그렇게 흐르게 된다. 사랑을 흘려보내는 일을 해냈다면 부모로서의 할 일을 잘 하고 있는 것이다. 자신은 비록 경험하지 못했던 사랑일지라도 잘못된 양육 방식이 아이 세대까지 이어지지 않도록 막을 수 있게 된 것이다.

자신을 바라보는 감정 공부를 통해 얻은 사랑의 방법, 사랑의 기술이 이제 우리 아이로부터 후손들에게 대대손손 이어질 것이다. 엄마로 인해, 감정 공부로 조금 변화한 삶의 모습으로 인해 가정의 문화가 바뀌는 것이다. 나로부터 사랑의 기술이 전수되어 우리 아이들, 아이들의 아이들이 만든 가정에까지 사랑의 향기는 멈추지 않고 영원토록 흐르게 될 것이다.

엄마가 되면 아이와 함께 성장하는 기회를 부여받는다.

아이는 엄마를 통해 성장하고,

엄마는 아이를 통해 성장하는 것이다.

엄마가 되지 않았다면 결코 몰랐을 경험들을 선물 받는다.

감정 공부로 찾아온 기적, 자신을 사랑하고 아이와 공감하는 엄마

세상에서 가장 아름다운 이름 '엄마'

나의 다섯 살 기억 속엔 따뜻함이 있다. 바람이 아주 차가운 날이었다. 엄마 등에서 두꺼운 패딩을 덮어쓰고 있던 나에게 느껴진 것은 '춥다', '밤이다', '업혀 있다' 등이었다. 그러나 차가운 기억이 전부는 아니다. 40년도 더 된 그 순간을 기억하고 있는 건 묘한 감정 때문이었다.

"선아 자니?"

엄마는 다섯 살 된 아이의 발을 감싸 쥐고 겨울 추위를 한동안 막아내더니 그 발을 외투 주머니 속에 쏙 넣으셨다. 처음으로 주머니 속으로 발이 들어간 기억이다. 포근하고 깊고 따뜻했다. 그리고 중간에 "으이차" 하는 소리와 함께 나를 한 번씩 높이 추켜올리셨다. 엄마 하면 떠오르는

기억 중 하나이다.

발이 주머니에 넣어진 뒤로 엄마가 하는 말이 서서히 들리지 않고 더 이상 "으이차" 소리가 나지 않았던 걸 보면 포근함 속에서 잠이 들었던 모양이다. 따뜻하고 안정감이 느껴졌다. 가슴이 채워지는 것 같고 엄마와 하나가 된 것 같았다.

이는 내가 인지적으로 기억하는 첫 어머니 사랑이다. 한번은 엄마에게 그때의 기억을 이야기했더니 "엄마가?", "언제?", "그걸 기억해?"라고 말씀하신다. 그러고는 늘 그랬듯 "해준 것이 너무 없어 미안하다"라고 하신다.

늘 미안한 엄마에서 좋은 엄마로

인간의 뇌는 부정적인 것에 더 예민하다. 도구를 많이 사용하지 않던 과거에 위험을 감지하고 자신을 보호하려면 부정적인 것에 예민해야 했기 때문일 것이다. 지금도 우리의 뇌는 부정적인 것을 더 많이 기억한다. 어제도 아이를 사랑했고, 그제도 아이를 사랑했고, 오늘도 아이를 사랑하면서도, 어제저녁 "밥 빨리 먹어!"라고 소리쳤던 일이 기억에 남아 미안하고, 마트에서 장난감 사달라고 땡강 부리는 아이의 모습에 화가 나 스스로 부족한 엄마인 것 같다며 자책한다. 잘했던 일보다 못했던 일이 더 많이 떠올라 큰 잘못을 하고 사는 것처럼 죄책감이 들고, 엄마로서 부족한 것이 너무 많다고 생각해 좋은 엄마가 아닌 듯 미안해한다.

아이를 응원한다는 것은 자연재해를 다 막아주고, 입시전쟁에서 벗어나게 하고, 불편한 사항들을 싹 제거해주는 것이 아니다. 아이가 겪고 있는 상황을 관찰하고, 그 상황에서 아이가 느낄 불편함이나 심정 변화를 함께 느껴주고, 아이의 존재 자체를 믿어주는 것이다. 우리는 거세게 불어오는 겨울바람을 막아낼 능력은 없지만, 가장 추운 부분을 막아 안정감을 주고 편안하게 해줄 수는 있다. 손으로 발을 감싸주듯 아이가 추위하거나 아프다고 느끼는 부분을 살짝 감싸줄 수는 있다. 우리의 작은 두 손은 아이의 아픔을 감쌀 온기를 충분히 지니고 있다. 그것으로 충분하다.

우리는 감정 공부를 하며, 수치심이 느껴져 아이를 재촉한 건 아닌지, 자신이 이루고 싶은 것을 아이가 이루어내기를 바란 것은 아닌지 살필 수 있었다. 화의 근원이 어디서부터 시작되었는지 보았고, 부모로부터 물려받고 싶지 않았으나 자신도 모르게 물려받아 아이에게 흘러간 것이 무엇인지 알아차렸다. 그리고 이제 편안하게 숨을 쉬며 아이의 눈을 바라보고 소통할 수 있게 되었다. 지금처럼 안정된 엄마의 모습으로 아이를 관찰하고 아이의 존재를 인정하며 호흡하면 어디를 어루만져야 하는지 볼 수 있다.

존재만으로 의미 있는 사람, 엄마

"엄마 하면 떠오르는 게 무엇인가요?"

"지금의 나이를 맞으며 엄마에게 하고 싶은 말은?"

다음은 이러한 물음에 현재 40~50대를 맞이한 엄마들이 적은 글이다.

"엄마는 집밥이다."

"하루하루 건강하게, 행복하게 보내세요. 사랑합니다."

"엄마 하면 따뜻함."

"엄마 하면 무슨 일이 나더라도 자식에게 따뜻한 아침밥을 해주셨던 분."

"엄니 따신 밥이 지금의 따뜻한 저를 만들었어요."

"세상에서 만난 첫 친구! 세상에서 사귄 가장 큰 사람! 세상을 알려준 가장 큰 스승! 엄마 덕분에 세상이 친근하고 신뢰가 가요. 사랑하고 존경해요."

"엄마 하면 넘치는 사랑을 느낍니다. 엄마한테 하고 싶은 말은 고맙습니다, 사랑합니다, 건강하게 오래오래 살아주세요."

"엄마 하면 고마움과 함께 힘든 시절을 버텨내신 노고에 짠함이 느껴집니다. 그리고 엄마에게 하고 싶은 말은 잘 키워주셔서, 홀로 되신 상황에 적응하려 노력해주셔서 감사드려요. 이제는 혼자 다 감당하려고 꾹 참지 않으셔도 돼요. 힘드실 땐 저희에게 기대고 푸념하셔도 됩니다. 사랑합니다."

"엄마는 화수분이다."

"엄마 덕에 내가 이렇게 잘 자랐어요. 내가 엄마가 되고 보니 엄마가 보여요. 사랑해요, 엄마."

"엄마는 내 편이다."

"엄마 늘 그곳에 있어 줘서 감사해요."

"엄마는 사랑이다."

"엄마, 엄마의 딸로 태어날 수 있어서 감사해요. 엄마의 헌신과 사랑이 제 삶에 가득 채워져 있어서, 살아가며 넘어져도 다시 일어나고 다시 걸을 수 있었어요. 감사해요. 사랑합니다."

"엄마는 사랑이다."

"지금은 엄마의 그 모든 것이 사랑이라는 것을 압니다. 엄마, 감사합니다. 건강하세요. 사랑합니다. 너무 늦게 알게 되어서 미안해요."

"엄마는 그리움이다."

"엄마 밥 향기, 엄마 품의 향기, 엄마 사랑 향기, 이제 그리움이 되었습니다. 그리워요, 엄마."

늘 그곳에 있어 고마운 사람, 엄마

이 모든 말들은 아장아장 걸음마를 떼는 시기를 보내고 처음 학습이 시작되는 초등학교 시절을 지나 파란만장한 사춘기를 겪은 후, 중년을 맞이해 철이 들고 지그시 나이가 든 우리에게, 성장한 우리 아이들이 들려주고 싶은 이야기일 수도 있다. 엄마라는 이름으로 살아왔던 생에 대한 고마움과 사랑이 스며 있는 말들. '우리가 해준 것이 없었던 것 같아'라고 생각하며 지내온 시간 뒤로, 아이들은 성장하면서 엄마에게 고마움이 가득 담긴 이야기를 남긴다.

우리는 다 잘할 수 없었을 뿐이다. 엄마라는 이름이 붙여진 순간부터 날마다 새로운 경험이 기다리고 있었기에 100% 다 잘할 수 없었던 것뿐이다. 옆에 있는 친구도, 잘 살아온 것만 같은 교육학자도, 사우나에서 만난 아줌마도 그리고 우리의 엄마도 다르지 않았다. 우리처럼 두려웠을 것이고, 어려웠을 것이고, 때로는 힘겨웠을 것이다. 그때마다 더 나은 방법을 찾기 위해 반성하고 용기 내고, 다시 아이들 옆에 서기 위해 스스로 추스르며 힘을 냈을 것이다.

실수했던 시간을 기억하듯이 최선을 다하는 엄마로 살아온 우리의 삶도 기억해주자. 최선을 다해 살아온 부분도 인정해주자. 뜬눈으로 밤을 새우며 아이를 간호했던 시간도 기억해주자. 마음에 들지 않는 발자국을 바로잡으며 더 잘 걸어가고자 애쓰고 있는 지금의 모습도 기억해주

자. 우리가 했던 것이 사랑이었음을 인정해주자. 그리고 지금 잘못 걸었던 걸음을 수정해가고 있는 우리의 모습을 격하게 응원해주자.

그런 다음 사랑을 주었기에 사랑으로 자라게 될 아이들을 상상해보면 된다.

"엄마 늘 그곳에 있어 줘서 감사해요."

시간이 흐르면 우리가 듣게 될 이야기다. 두려움을 이겨내며 상황마다 위기를 모면하고 오늘날까지 따뜻한 온기를 잃지 않으며 지내온 우리는 세상에서 가장 아름다운 이름을 지닌 엄마다. 아이의 심장을 가장 잘 느끼는, 세상에서 가장 아름다운 이름을 지닌 엄마다. 어느 누구도 줄 수 없는 생명력을 아이에게 선물한, 세상에서 가장 아름다운 이름을 지닌 엄마다. 그리고 오늘도 더 나은 모습을 꿈꾸며 힘을 내는 용기 있고 지혜로운 엄마다. 그렇게 우린 충분한 엄마다. 존재 자체로 귀한 당신이다.

우리는 거세게 불어오는 겨울바람을 막아낼 능력은 없지만,

가장 추운 부분을 막아 안정감을 주고 편안하게 해줄 수는 있다.

아이가 추워하거나 아프다고 느끼는

부분을 살짝 감싸줄 수는 있다. 그것으로 충분하다.

마치며

당신에게

세상에 태어나 처음 겪는 낯선 시간을 용기 내어 살아온 당신의 손에 이 책이 있다는 건 어떤 의미일까요? 누구보다 자신에 대해 알고 싶은 이들도 있고, 자녀와의 관계를 개선하고 싶은 이들도 있고, 누군가와 연결되고 지지받기를 원하는 이들, 그냥 좋은 엄마가 되고 싶은 이들도 있을 겁니다.

8일간의 감정 공부를 따라 하나하나 글로 적어가며 어릴 적 기억과 만나셨나요? 아마 크고 작은 아픔이 있었을 거예요. 그래도 잘하셨습니다. 어린 시절의 기억들을 꺼내고 다시 정리하면서 감정이 정리되는 걸 경험하셨을 테니까요.

자기 자신을 만나 안아주셨나요? 힘이 필요했던 자신을 꼭 안아주며 괜찮다고 이야기해주셨나요? 괜찮습니다. 다 괜찮습니다. 우리는 감각을 느끼고, 감정을 느끼고, 우리에게 주어진 삶 속에서 꼭 배워야 하는 것들을 잘 경험하고 있을 뿐입니다.

우리는 아주 정직해지는 시간을 보냈습니다. 최대한 나다워지는 작업을 했습니다. 정말 진실하게 자신을 바라보는 용기를 내보았습니다. 그리고 자신을 사랑한다고 얘기했지요. 이제 정말 자신이 사랑스럽게 느껴지지 않나요? 성장하려는 치열한 움직임도, 마음 아파하는 연약함도, 관계를 맺는 게 어렵기만 한 모습도 아주 사랑스럽지요? 다행히 이제 무엇을 잘해야만 사랑받을 수 있는 게 아니라는 걸 알게 되었잖아요. 그냥 있는 그대로의 모습을 사랑하면 되는 것이죠.

혹시나 가까이에 아직 아파하는 이들이 있다면 그들에게 사랑을 나누어주면 좋겠어요. 괜찮다고 이야기해주면 좋겠어요. 잘하고 있다고 응원해주면 좋겠어요. 절대 용서하지 못했던 사람들에게 따뜻한 마음이 느껴지는 용서를 전할 수 있으면 좋겠어요.

특히 사랑받고 싶어서, 인정받고 싶어서, 버림받고 싶지 않아서, 최선을 다하고 있는 우리 아이들에게 무조건적 사랑을 나눠줄 수 있으면 좋겠어요. 사랑하는 아이의 성장을 기다려주는 마음의 공간이 마련되었으면 좋겠어요. 그렇게 사랑하고 믿고 인정하고 지지해줄 때 당신이 혹은 아이가 꿈꾸는 소망이 이루어질 것이라 확신합니다.

당신은 원래 그런 사람입니다. 꽃에서 꽃으로 생명력을 옮기고 세상 창조의 근원이 되는 씨를 전달하는 사람. 나비처럼 날개를 저으며 자신이 원하는 곳으로 힘껏 날아갈 수 있는 사람. 사랑이 넘쳐나 사랑을 전하는 사람. 그 모습이 바로 당신의 모습입니다.

긴 글을 읽어 주신 당신께 다시 한번 진심으로 고마움을 전합니다.

고마움을 전하고 싶은 사람이 아주 많습니다. 제가 힘겨웠을 때 등불이 되어주신 최성애 박사님께 깊은 감사를 드립니다. 심장의 힘을 전혀 모르고 머리로만 세상을 살아가고 있을 때 심장으로 세상을 느끼는 방법을 알려주셨습니다.

가장 큰 스승 나의 아들에게도 감사를 전합니다. 아들이 아니었다면 교만하게 엄마의 방법대로 살라고 강요하며 내가 아닌 모습으로, 강한 척하는 엄마의 모습으로 살 뻔했습니다. 아들 덕분에 엄마라는 행복감을 느낄 수 있었고 성장할 수 있었습니다. 또 언제나 나를 온전히 믿어주는 엄마에게 감사합니다. 엄마를 통해 사랑을 배우고 안정감을 주는 방법을 배웠습니다. 엄마, 제가 존경하는 엄마가 되어주셔서 감사합니다. 어머니 아버지로부터 받은 귀한 선물, 두 언니와 여동생에게도 감사를 전합니다. 언제나 내 편이 되어주는 언니와 동생 덕분에 어떤 상황에서건 이겨내는 힘을 얻곤 합니다. 나에게 사랑의 스승이 되어주어 감사합니다. 내 삶에 귀한 인연들에게 감사합니다. 하늘에서 서로에게 배움이 되게 하려고 계획한 인연 속에서 크고 작은 배움을 얻었습니다. 감사합니다.

 이 책의 주인공 어머님들께 깊은 감사를 드립니다. 아이 이름을 공개하지 않기 위해 가명을 사용하였고, 많은 이들이 공감할 수 있는 사례 위주로 이야기를 구성했습니다. 저를 믿어주는 어머님들이 계시지 않았다면 이 책은 나올 수 없었습니다. 우리가 함께했던 뜨거운 시간에 깊이 감사드립니다. 출판사와 편집자들께도 깊은 감사를 드립니다. 늘 이해해주시고 기다려주셔서 감사하고 예쁜 책으로 만들어주셔서 감사합니다.

제발 말해주세요, 네? 나비가 무엇이지요?
그것은 네가 되어야 할 바로 그것이야. 그것은 아름다운 두 날개로 날아다니며 하늘과 땅을 연결해주지. 그것은 꽃에 있는 달콤한 이슬만을 마시며 이 꽃에서 저 꽃으로 사랑의 씨앗을 운반해준단다.

(중략)

그러면 내가 한 마리 나비가 되기로 결심했을 때, 나는 무엇을 해야 하지요?

　나를 잘 보아라. 나는 지금 고치를 만들고 있단다. 내가 마치 숨어버리는 것같이 보이지만, 고치란 피해 달아나는 곳이 아니란다. 변화가 일어나는, 잠시 머무는 여인숙과 같은 거야. 애벌레의 삶으로 결코 다시는 돌아갈 수 없는 것이니까, 그것은 하나의 커다란 도약이지. 변화가 일어나고 있는 동안 너의 눈에는 혹은 그것을 지켜보고 있는 누구의 눈에도 별다른 변화가 없는 것처럼 보일지 모르지만, 이미 나비가 만들어지고 있는 거란다.

– 〈꽃들에게 희망을〉 중에서

2021년 어느 날
오늘도 사랑의 힘으로 변화를 꿈꾸는 선아 올림

유익한 정보와 다양한 이벤트가 있는 리스컴 SNS 채널로 놀러오세요!

블로그
blog.naver.com/leescomm

인스타그램
instagram.com/leescom

유튜브
www.youtube.com/c/leescom

아이는 엄마의 감정을 먹고 자란다

내 아이를 위한
엄마의 감정 공부

지은이 | 양선아

책임 편집 | 김홍미

편집 | 김연주 이희진
디자인 | 이미정
마케팅 | 김종선 이진목
경영관리 | 서민주

인쇄 | 금강인쇄

초판 1쇄 | 2021년 9월 27일
초판 3쇄 | 2021년 12월 2일

펴낸이 | 이진희
펴낸곳 | (주)리스컴
　　　　www.leescom.com

주소 | 서울시 강남구 밤고개로 1길 10, 수서현대벤처빌 1427호
전화번호 | 대표번호 02-540-5192
　　　　　영업부 02-540-5193
　　　　　편집부 02-544-5933 / 544-5944
FAX | 02-540-5194
등록번호 | 제2-3348

ISBN 979-11-5616-239-1 13590
책값은 뒤표지에 있습니다.

Image©autumnn, 2021 Used under license from Shutterstock.com